O CADARÇO VERMELHO

(à guisa de resposta a uma carta de amor)

Editora Appris Ltda.
1.ª Edição - Copyright© 2022 do autor
Direitos de Edição Reservados à Editora Appris Ltda.

Nenhuma parte desta obra poderá ser utilizada indevidamente, sem estar de acordo com a Lei nº 9.610/98. Se incorreções forem encontradas, serão de exclusiva responsabilidade de seus organizadores. Foi realizado o Depósito Legal na Fundação Biblioteca Nacional, de acordo com as Leis n.os 10.994, de 14/12/2004, e 12.192, de 14/01/2010.

Catalogação na Fonte
Elaborado por: Josefina A. S. Guedes
Bibliotecária CRB 9/870

G635c
2022
	Gonçalves, Aguinaldo
	    O cadarço vermelho : (à guisa de resposta a uma carta de amor) / Aguinaldo Gonçalves. - 1. ed. - Curitiba : Appris, 2022.
	    133 p. ; 23 cm.
	
	    Inclui bibliografia.
	    ISBN 978-65-250-3078-4
	
	    1. Poesia brasileira. I. Título.
	
	                                                                             CDD – 869.1

Appris editora

Editora e Livraria Appris Ltda.
Av. Manoel Ribas, 2265 – Mercês
Curitiba/PR – CEP: 80810-002
Tel. (41) 3156 - 4731
www.editoraappris.com.br

Printed in Brazil
Impresso no Brasil

Aguinaldo Gonçalves

O CADARÇO VERMELHO

(à guisa de resposta a uma carta de amor)

FICHA TÉCNICA

EDITORIAL	Augusto V. de A. Coelho
	Marli Caetano
	Sara C. de Andrade Coelho
COMITÊ EDITORIAL	Andréa Barbosa Gouveia (UFPR)
	Jacques de Lima Ferreira (UP)
	Marilda Aparecida Behrens (PUCPR)
	Ana El Achkar (UNIVERSO/RJ)
	Conrado Moreira Mendes (PUC-MG)
	Eliete Correia dos Santos (UEPB)
	Fabiano Santos (UERJ/IESP)
	Francinete Fernandes de Sousa (UEPB)
	Francisco Carlos Duarte (PUCPR)
	Francisco de Assis (Fiam-Faam, SP, Brasil)
	Juliana Reichert Assunção Tonelli (UEL)
	Maria Aparecida Barbosa (USP)
	Maria Helena Zamora (PUC-Rio)
	Maria Margarida de Andrade (Umack)
	Roque Ismael da Costa Güllich (UFFS)
	Toni Reis (UFPR)
	Valdomiro de Oliveira (UFPR)
	Valério Brusamolin (IFPR)
ASSESSORIA EDITORIAL	Débora Sauaf
REVISÃO	Stephanie Ferreira Lima
PRODUÇÃO EDITORIAL	Renata Cristina Lopes Miccelli
DIAGRAMAÇÃO	Jhonny Alves dos Reis
CAPA	Eneo Lage
COMUNICAÇÃO	Carlos Eduardo Pereira
	Débora Nazário
	Karla Pipolo Olegário
LIVRARIAS E EVENTOS	Estevão Misael
GERÊNCIA DE FINANÇAS	Selma Maria Fernandes do Valle

SUMÁRIO

CARTA DE AMOR 10

O RETRATO DO FOGO.. 17

IDENTIDADE 60

Caro Alexandre: 131

Aquele final de tarde parecia anunciar alguma coisa de feição rouca, meio crespa e meio fria, pontilhada de uma tristeza que não sabia definir. O céu estava azul como nunca estivera. De um azul assim, azul. E eu me firmava estanque em mim, tentando fazer jus ao firmamento de segurança que se alicerçava nos olhos meio úmidos que há algum tempo não sabia estar completamente secos. O pequeno, mas agradável apartamento da Rua Araucária, em Curitiba, estava a alguns passos de mim e minha vontade era de continuar caminhando não sei para que direção. Havia perdido o rumo de mim mesmo. Ao chegar frente ao número 315, parei e decidi subir a pequena escadaria de mármore que me conduzia à portaria. No hall, do lado direito, a caixa do correio. Abri-a para verificar a correspondência. Como era final de mês, havia vários envelopes da vida ordinária: correspondências de bancos, conta de luz e de telefone, programação mensal de TV a cabo, conta do condomínio, propagandas e outras coisas mais. Dentre aqueles vários documentos, uma letra em manuscrito, escrita em tinta preta, com grafia inconfundível, ressaltou aos meus olhos. Assim estava endereçada: Para Danilo T. Marcondes. Era uma correspondência do Alex. O envelope aqueceu minhas mãos, meus braços e meu corpo inteiro. A sensação foi de completo torpor que dominou cada um de meus músculos. Soltei as demais correspondências, uma a uma, que foram se espalhando pelo chão, enquanto minhas mãos agarravam aquele envelope que, por alguns segundos, enlevaram-me para tantos lugares e a lugar algum. Quando dei por mim, percebi que havia amassado completamente o que tinha entre os dedos. Na verdade, aquele gesto involuntário e impetuoso revelava que era Alex que eu abraçava, que era ele que sufocava entre meus braços e meu coração. Olhei para mim e o que vi não era o Danilo que pensei conhecer ao longo do anos. Não era o Danilo de emoções contidas e equilibradas diante de tudo que tentava desafiá-lo. Estava ali, um amontoado de sensações difíceis de divisar, de reconhecer suas feições e suas categorias pessoais. Via ali retalhos do que sou, sem fingir que sou a grandeza do que penso. Foi assim que fui desamassando o papel, devolvendo-lhe o formato de correspondência e vagarosamente rasgando-o para que tivesse acesso à mensagem. As mãos trêmulas tomavam-me de surpresa. Cada gesto que fazia era uma surpresa para mim. Cada traço de meus gestos devolvia a mim dados de uma certeza sobre meus sentimentos que não conhecia tanto. Era certo que o estado em que me encontrava desde o dia que deixei o apartamento em que morava com Alex, meu estado era de semi-vida sem nunca saber o que queria ou o que não queria como se estivesse num estado de anestesia que se negava a passar. Para quem tomou a atitude de partir, isso não era normal. Se bem que não se pode falar de normalidade nas linhas que regem os sentimentos, sobretudo os sentimentos mais difusos da alma. Sempre quis Alex, sempre nossos sentimentos fluíam de maneira tão natural. Desde o primeiro dia que nos conhecemos emergiu a fina forma de sentir pelo caminho mais luminoso. E agora, aquela letra grafada em preto, com harmonia vertical de cada traço, o inimitável *t* que compunha com as demais letras o conjunto todo de Alex, o seu corpo inteiro, além dos índices mais delicados de suas idiossincrasias de poeta, tudo isso e mais vinha com uma sofreguidão absurda tomando muito mais que meus pensamentos, tomando meu corpo inteiro e além do mais, entrando pelo quintal assim, com essa voluptuosidade que arrasta tudo o que encontra pela frente. Aqueles traços foram trazendo primeiro o cheiro de Alex, marcado pelo *perfume* que algumas vezes foi motivo para aguçarmos alguma desavença; depois, seus passos em descompasso pelo apartamento, trombando contra cantos de mesa ou contra objetos por mim alinhados que acabava deixando cair. Depois, folhas e mais folhas digitadas, postas em ordem ao lado do computador para serem grampeadas que ele, não percebendo, acabava misturando ou fazendo uma ou outra folha desaparecer. Assim fui me povoando de pegadas afetivas e até mesmo de traços tão casuais que me conduziam ao mesmo ponto: Alex. Por isso aquela correspondência queimava em minhas mãos e no coração sorvia-lhe uma mescla de medo e de culpa, podendo ser uma a imagem de filetes mal cozidos de uma viagem sem volta. Assim, ao ver o desenho das letras, formava-se o desenho de Alex e do escrito ao inscrito emergia as mais genuínas marcas do amor. Mediante esse estado, prostrei-me diante de mim mesmo, com a notícia que a vivência decidira me oferecer tardiamente: eu sabia amar ou ao menos eu sabia detectar em mim o amor. Meu corpo ficou tomado dessa vertigem, dessa fatalidade. Tornei-me grão grosso dos sentidos e todos os poros pareciam obliterar essa forma exasperada de ser. Fiquei assim tomado desse estado, durante os segundos que segurava entre os dedos a mensagem, agora fora do envelope que esperava para ser lida. E, finalmente, o manuscrito de Alex:

CARTA DE AMOR

    Me perdoa, meu amor, por esta carta. Teu bom gosto e teu bom senso não a merecem. Mas estou sofrendo e o sofrimento leva à pieguice. Ouço "Mentiras" de Adriana Calcanhoto, noite e dia. Não posso mais conviver com este ziguezaguear da alma que parece mais uma perfuração de madeira dura, intermitente, que nunca mais chega do outro lado. O fato de teres deixado os meus livros com dedicatória entre os entulhos da cozinha foi do mais cruel anti-lirismo que um ser pudesse suportar. Deverias ter levado ou ao menos disfarçado por piedade. Encontrei cartas de teus amantes e tubos de lubrificantes que nunca usaste comigo. Havia também pequenos rabiscos guardados de recordação em guardanapos de papel manchados de vinho tinto. Por que fizeste isso, amor? Por que quiseste que visse esses sinais de menosprezo? E tuas juras de amor enquanto cantavas para mim "Exagerado", de Cazuza, e eu fazia nosso almoço de domingo? Tenho caminhado sozinho pelas avenidas, pelas ruas e ficado nos cantos mais escuros, tentando entender o que te fiz ou o que não te fiz. Numa dessas chuvas de verão resolvi me molhar até a alma em gesto de ablução para ver se algum resíduo de maltrato que te fiz desapareceria de vez. Mas não deu certo. A ablação de nossos laços só aconteceu do lado externo. Por onde andas... Eu te pergunto: já que me renegaste com tanta coisa, por que deixaste sobre a cama o cadarço vermelho do teu sapato, que tantas vezes te pedi e não me deste?

    Meus olhos marejados e meu coração posto a nu verteram-se numa espécie de transe que jamais poderia explicar. Nessa primeira leitura, as palavras articuladas para a composição da carta perderam o seu valor de palavra e ganharam um ondear rítmico de tom e de vozeamento ondulado que se conectou diretamente ao meu espírito. Essa cadeia rítmica se mesclava aos meus olhos marejados e tudo se tornou uma forma sinestésica e *cinestésica* de captação ondulada de emoções. Não pude ver minha expressão, mas pude senti-la na tentativa de ler o que estava escrito naquela carta, pois apenas podia ver os graxos; graxos estes que pareciam mais evidentes do que se pudera ler os signos. Os signos se esvaziaram de significado para cederem a amplitude dos vazios em que pude penetrar sem pedir licença. Mas eu voltava ao texto tentando decodificá-lo, relendo-o duas, três, quatro vezes até que cada letra encontrasse seu lugar nos meus olhos úmidos, porém mais serenos e mais calmos diante daquela situação jamais antes vivida, mas agora vivenciada como água fresca a ser sorvida em cada gole. Havia naquela tom algo de comiseração por parte de Alex que me deixava com um sentimento estranho, entre o culposo e ao mesmo tempo nervoso pelo seu ato de autocompaixão. Essa cadeia rítmica era marcada por uma pontuação determinante de curtas expressões que denunciavam o estado de tristeza que percorria toda a carta. Era mais que tristeza. Percorria a carta uma certa frase contínua de monodia e de indignação. Diante desse inusitado discurso lírico, fiquei completamente sem reação. O que mais me doía nesse gesto passional de Alex, era seu despojamento diante de seus sentimentos. Era um certo descontrair-se dos sentimentos que o invadiam. Coisa que jamais esperei dele; coisa que jamais pudera acreditar que ele fosse capaz de manifestar. Seria um discurso da preterição que numa primeira leitura não fui capaz de perceber? É certo que Alex é poeta e sempre se expressou com toda a maestria de que um bom poeta é capaz. Eu é que nunca soube responder à altura às suas formas de atingir com palavras, de argumentar no dia a dia contra suas posições críticas e até mesmo contra seus desconsolos. Mesmo quando não estava convicto do que sentia ou do que acreditava sentir, manifestava-se belamente com as palavras postas nos seus devidos lugares e diante de tal destreza eu ficava ali, olhando para seus olhos, tentando entender o que via ou tentando assimilar o encruzilhar de suas imagens ou de suas ideias. Mas quase sempre, até mesmo por certa incompetência minha, eu não conseguia compreendê-lo completamente, parecendo sempre restar uma areia fina no final de seu discurso ou de sua expressão facial que me fazia deixar minha cabeça tombar sobre o travesseiro demorando um pouquinho mais para dormir. Mas desta vez não. Desta vez não havia nenhum obscurantismo na expressão de Alex. Do seu texto espargia a mais pura verdade.

Entretanto esse estilo cristalino parecia me preocupar mais. Essa coragem de juntar os resíduos de minha partida, ver-me nas minhas pequenas atitudes, lê-las e depois de 45 dias escrever uma carta, desvelava muita coisa. Ou as escondia ainda mais? Muito mais que o escritor, que o poeta, estava o homem. E um homem que expunha seu amor se valendo do discurso da sinceridade. Depois de dez anos, Alex parecia apresentar ao amigo a sua face mais limpa, a sua mais pura forma de se revelar. Sua face parecia vir sem nenhum sinal de máscara; sem névoas e sem sinal de ironia; e foi com esse gesto que ele me desafiou. Agora eu estava diante de uma situação que me obrigava a me posicionar diante de mim mesmo e depois tentar compreender a atitude do outro. Esse devaneio de que fui acometido me conduziu a uma digressão da qual não sairia nunca mais.

Dei por mim quando ao cair das sombras naquele pequeno hall de meu edifício notei que o porteiro da noite já havia chegado e observava a estranheza de meu comportamento como se pedisse uma explicação. Seus olhos iam de mim para os documentos esparramados no chão. "_ Está tudo bem senhor?" Ele me perguntou com um olhar de soslaio. "_ Está tudo bem, obrigado." Respondi. E tratei de me recompor, passando um lenço no rosto e juntando os documentos esparramados. Porteiros e mocinhas de guichês de bancos sempre me incomodaram profundamente. Eles me desestabilizam. Os porteiros, com o olhar de quem não acredita na vida que levo, e as moças, com o olhar penetrante de quem espera uma objetividade que jamais o homossexual vai ter. Ele entrou na guarita e disse algo ao porteiro da tarde que estava de saída e extraiu-lhe um leve sorriso que me fez deixar cair das mãos alguns documentos que, com dificuldade, tornei a arrumar. Segui para meu apartamento que ficava no sexto andar. Ao entrar em casa, a atmosfera que me aguardava fez com que novamente o mundo caísse aos meus pés. Tudo o que me rodeava foi tomando um tom plúmbeo e tive a sensação de estar vivendo pela metade. As coisas, os mínimos objetos perderam aos meus olhos o seu viço. O pequeno cinzeiro de estanho, nós o dividíamos juntos na sacada de nossa casa. E havia uma triste relação entre os objetos que trouxe para esta nova vida e os que ficaram com Alex. Minha xícara azul-anil de ágata teve que ficar com ele porque ganhara de sua avó. Os guardanapos de linho com nossos nomes bordados foram separados e ficaram sem par. Essas e outras coisas divisavam minhas vontades e estava muito difícil de sobreviver ao naufrágio. E a todo momento, instantes que vivemos soçobravam em flashes e tomavam feições de vivificação.

O nosso amor se iniciou entre chamas. Essa hipérbole é pequena para o que há de se seguir. Ela vem marcada pelo oximoro barroco que dominou nossos corpos e nossos corações. O nosso amor pertence à estética barroca. Morávamos em Mariana, Minas Gerais, e foi lá que nos vimos pela primeira vez. Nos vimos, não; nos tocamos, nos sentimos, nos infernizamos. Isso ocorreu dentro da Igreja Nossa Senhora do Rosário, dos Pretos. Ambos pertencentes a famílias tradicionais mineiras. Não tradição financeira, mas tradição moral, religiosa, com valores espessamente cadaverizados e soterrados nas consciências de todos ou de quase todos. Alex tinha 32 anos e eu, Danilo, tinha 22. Tanto Mariana quanto Ouro Preto, cidade vizinha onde estudei, têm essa atmosfera barroca até mesmo onde a mão do artista não tocou. A paisagem era naturalmente barroca. Os elementos que compõem a natureza se contrapõem e se correspondem com uma harmonia e com uma plenitude maravilhosas.

Naquela manhã de domingo todos os anjos se uniram para que a fonte do amor se abrisse às nossas vidas. Eu não queria ir à Igreja Nossa Senhora do Rosário para assistir à missa. Mas Daisy, minha namorada na época, insistiu tanto que decidi finalmente atender ao seu pedido. Tempos depois relembrando aquele dia, Alex me segredou também que sua mãe insistira tanto para conhecer a antiga igreja dos pretos, que resolveu assistir à missa naquela igreja para agradar a mãe. A sua casa ficava muito distante daquela Igreja e o caminho era tortuoso. Mas quando Dona Glória, por um ou por outro motivo, achava que o filho deveria alimentar uma vaidade sua, tornava-se impossível para ele não atender à sua vontade. A vontade das duas provocaria o encontro dos dois. O infernal encontro que se estendeu a anos de vida em comum, restando ainda estas marcas entre cinzas, permitindo que, quando bate o vento, o brilho das brasas ainda reluzem no escuro. Como era a primeira vez que percorria o trajeto, Alex se atrasou um pouco e como a Igreja não é tão grande, estava tomada pelos fiéis. Ele conduzia sua mãe para o interior da nave à procura de um lugar para que pudessem se sentar. Na expressão da bela senhora era visível a alegria por estar acompanhada pelo filho na igreja. Com as mãos nas suas costas, ele ia calmamente procurando um lugar. A missa se iniciava e, por isso, a bela igreja já estava praticamente lotada, restando aqui e acolá um pequeno espaço insuficiente para os dois. Finalmente, ao perceberem Alex com sua mãe, numa das fileiras as pessoas se encolheram e criaram no canto esquerdo do banco um espaço maior e o olhar de aquiescência das pessoas fez com que entendessem como convite para se sentarem. O canto de abertura se encerrava e o sacerdote fazia o sinal da cruz quando Dona Glória e Alex se sentiram finalmente acomodados e saíram do torpor da entrada. Um olhou para o outro e esboçaram um sorriso de alento. A antiga e bela igreja de Nossa Senhora do Rosário dos Pretos, trazia na sua arquitetura a impressionante capacidade de conjugar beleza e simplicidade sem perder os resíduos da riqueza e suntuosidade barrocas. Lembrando Machado de Assis, no conto "A igreja do diabo", diria que a Igreja do Rosário era revestida de algodão com franjas de seda. Com os cânticos e com os passos dos rituais litúrgicos, mais ainda aquele espaço místico parecia enlevar os espíritos a dimensões superiores. Naquele ambiente havia um calor que emanava de toda a compleição mística que a religião consegue gerar para produzir nos fiéis essas forças profundas de abnegação e de fé. Mas ali, exatamente naquele banco, outro calor começava a tomar conta de dois corpos de forma inebriante. Foi com essa enlevação e vigor que todo o lado direito de seu corpo se colara em outro corpo, agora com calor e vigor redobrados. Era meu corpo que vibrava sem que pudesse ver o rosto que trazia aquele corpo. A falta de espaço nos obrigou a ficar colados por inteiro. Parecia sermos da mesma altura e com proporções físicas similares, definidas pela espessura das coxas e a força dos ombros que se tocavam e fingiam recuar de quando em quando para que voltassem a se tocar com maior precisão e vontade. Nunca um desejo foi tão bem-vindo numa compreensão de corpos. Mas aquela profunda compreensão ressoava nas almas. Ambos, que ainda não conheciam seus respectivos rostos, já tinham no seu ser inteiro o reduto do universo do outro. Era um outro país que cada um passava a conhecer sem pedir licença. Era uma pintura barroca, com ações intensas e cores vibrantes. O que tornava singular naquele quadro era a moldura que o guarnecia. Se do lado esquerdo Dona Glória compunha uma das partes da moldura talhada pela geração de valores e de medos determinados pela tradição, do outro lado, a languidez de Daisy completava, com a mesma determinação as conveniências da convenção e a plenitude do medo, responsável por todos os aprisionamentos psicosociais. De quando em quando, recostava sua cabeça sobre meus ombros naquele gesto tradicional de casal de namorado heterossexuais em que a moça se apoia no corpo do rapaz que lhe serve de escudo ou de resguardo. Os únicos testemunhos daquela situação eram os santos que de seus nichos registravam tudo o que se passava dentro de mim e dentro de Alex. Dentre eles, São Benedto parecia o mais complacente com a cena que via, nas também Santo Antonio trazia no rosto uma expressão de alegria por ver ali finalmente um casal diferente que não o incomodava pedindo-lhe ajuda. Daisy parecia adivinhar aquela realidade que se impunha a todos nós. Solicitava de mim uma atenção que aparentemente já estava lhe dando. Puxava meu rosto para o seu lado e olhava nos meus olhos que tentavam responder aos seus, mas que não sabia dizer qual era a verdadeira expressão que trazia no seu brilho. Por mais ingênua que seja a mulher, o seu instinto de mulher arrebata qualquer racionalidade masculina. No capítulo denominado "de homem para homem" o narrador do belo romance Mulheres Apaixonadas de D.H. Laurence discute com profundidade esse inquestionável universo misterioso da mulher, marcado pelos recônditos de seu mundo uterino e expressados por sua impecisão marejantes de atitudes e de desconforto diante do mundo. E é mergulhados nesse universo que estávamos. Como se não bastasse Daisy com seus instintos à flor da pele, estava Dona Glória, com a atitude materna de quem sabe o que é bom para o filho de 32 anos, que ela gerara e acreditava manter em seu ventre. Nessa atmosfera foi evoluindo a situação de prazer e de torpor e de medo e de culpa naquele lugar santo, até que como se combinado, ambos viramos nossos rostos um para o outro e nos fitamos. Nossos olhos se tornaram pontas de finíssimas agulhas que se interpenetram numa fração de tempo com agudeza e acuidade. Desconheço em minha vida e creio que o mesmo ocorre com Alex momento de maior intensidade em que a vontade era de tomar para si todo o mundo do outro e arrancar de cada um o que havia nele de essencial. Pela proximidade de nossos corpos, era evidente que sentíamos o perfume um do outro e isso, fundido aos nossos toques, foi enibriando nossas mentes e nossas sensações mais recônditas. As sensações se formavam sincréticas e indivisíveis como se aquele espaço não conseguisse comportar nossos seres. A proximidade, a junção física dos corpos, fez com que nossos rostos ficassem a poucos centímetros de distância, quase se tocaram. Tanto que o que me ficou foram algumas marcas de seu rosto. A proximidade gerou um simulacro, as marcas de um rosto moreno, com traços bem delineados, cabelos negros e espessos, barba cerrada. Se não fosse o tom de pele clara e os cabelos grossos e apenas ondulados, diria que a figura de Alex me lembrava aquelas das pinturas de Caravaggio. Vi que era belo; disso não me restou a menor dúvida. De tudo que nos unia, fisicamente éramos muito diferentes. Eu sou louro, muito louro, com tendências a ser ruivo. Ao contrário de Alex, sou praticamente imberbe, tendo em pouquíssimas partes do corpo alguns poucos pelos. Quando nus, quando ficávamos na cama, sem fazer nada, numa relação lúdica e de nonsense, gostávamos de nos tocar e nos observar nesses pontos de diferenças. Essas diferenças nos uniam e compunham belos desenhos ou belas pequenas esculturas com partes de nossos corpos. Esses pedaços de nós que se amalgamavam nos levavam a dizer que éramos modelos tardios de Auguste Rodin. Alex gostava de ruivos. Os ruivos o atraíam. Ele não dizia, mas eu percebia. Quando um ruivo surgia, o que era raro, ele ficava parado olhando e não conseguia disfarçar. Um dia deixou sobre minha mesa um poema, um belo poema denominado "O retrato do fogo" composto enquanto eu dormia. Sempre compunha para mim durante o meu sono:

O RETRATO DO FOGO

egon, aproxima-te

de Pírois, Eoo, Éton e Flégon,
entra na carruagem,
toma as rédeas de teu tempo
e serás retratado como épico

e assim

te tornarás verdade
ígnea ao conduzir o fogo
com tua cabeleira rubra,
fulva de fios grossos
posta em pomos

com teu olho de águia
olha teu composto
quase fosco
óleo solar

de tua boca
o mel escorrendo no ardil da fome
contida, ardida, rodeada pelo fino azul

que comporta o compasso de espera
entre chispas
onde paira a fera

e dela
corpo em forma agônica
se incendeia em outro corpo em agonia
e retém em si o mais que chama que arrepia
e resguarda
em potes vermelhos tua tinta de arremedo

gotas de tempestade untam tua pele
ungida pelo segredo da morte
em taças de desejo
vertes o pejo de teus lábios
hélios,
signo recortado ao meio
corpo
signo
silente, potente
posto

aqui,
em chamas ao
infinito

    Alex tem o rosto largo e os olhos grandes e profundos. Num primeiro momento, não traria os índices de um escritor, do poeta sensível que é. Eu brincava com ele lhe dizendo que se colocasse um macacão e sujasse as mãos de graxa convenceria mais como mecânico.

E agora ali, naquela igreja barroca, ao vermos nossos rostos de tão perto, tão perto que nem víamos nossos rostos, mas o simulacro deles, tínhamos acabado de traçar as vias principais de nossas vidas. O que estava inscrito se revelou. Ambos sabíamos disso. A missa continuava. O sacerdote preparava para a cerimônia da comunhão. Olhamos pro altar e vimos a imagem de Nossa Senhora do Rosario, dourada, com todos aqueles anjos a seus pés e ficamos assim, com os olhos cravados na imagem e com os corpos cada vez mais unidos e agora a nossa respiração comungava de um mesmo ritmo e de uma mesma sensação. Chegado o momento, a mãe de Alex, num gesto contrito, levantou-se com o véu negro cobrindo seus cabelos grisalhos e entrou na fila para a comunhão. Sem ela, não fazia sentido Alex ficar tão colado ao meu corpo. Olhou-me de soslaio e se afastou um pouco. Só um pouco, até a volta de sua mãe que se ajoelhou orando. Daí voltamos à posição anterior e essa volta nos levou ao delírio. Perdemos completamente noção do tempo, do espaço e da ambiência que nos circundava. Ao terminar a missa, criou-se uma situação tensa e irresolúvel para ambos. Não havia como protelar, sentados. Nossas molduras nos estimularam a nos levantar e sair cada um por um lado do banco. Restou-nos um prolongado olhar que mais se assemelhava a um imã que é tirado à força da outra parte. Nossos olhares ficaram colados e, conforme fomos saindo, eles foram ficando colados no banco e se negavam de se levantar dali. Os corpos saíram para fora do banco e os olhos, colados, foram permanecendo e ficando do tamanho do banco, indo um pouco mais além. E sem falar, eles disseram: a gente vai se encontrar. Foi a mensagem que ficou. Anos depois, em Curitiba, sempre que voltávamos a esse dia de Mariana, ao primeiro dia de nosso amor, a lembrança da profusão profana e sagrada que nos abraçou levava-nos a comparar a cena à imagem da escultura "O êxtase de Santa Tereza" do escultor barroco do século XVII, Bernini. Ambos temos uma relação íntima com a arte e sempre foi por meio dela ou nela que nos espelhamos para compreender a nossa vida. A escultura possui a peculiaridade de ser tridimensional e isso favorece certo realismo que ela detém. É certo que a sua natureza leva na maioria das vezes a um processo de mimetização meio exacerbado que provoca leitura unilateral das obras figurativas. Entretanto, sabendo lê-las, as grandes esculturas estabelecem, como a música, uma sintonia rápida e profunda com o interlocutor e nisso favorece o que poderia se chamar de uma performatização do nosso gesto abstrato na expressão representada pela obra.

    Depois daquele dia da missa de domingo, minha vida se transformou num transtorno emocional, pleno de vazios e tomado de uma ansiedade que não cabia dentro de mim. Os dias que se seguiram ao nosso encontro, as ruas e alamedas de Mariana parecia terem-se esvaziado e perdido totalmente seu sentido. Mariana possui sempre um tom disfórico de tristeza e a ressonância do passado triste da cidade tende a se acentuar nos momentos em que nosso mundo interior se deteriora. Por onde eu passava tinha a sensação de estar vendo a figura de Alex. Não tinha a menor ideia de onde ele morava, nem dos lugares que deveria frequentar. Quando conseguia me livrar da Daisy passava pelos barzinhos e por lugares noturnos, indo dormir muito tarde e cansado sem o menor sinal de vida. Ia pra casa e no outro dia todos apontavam meu rosto cansado, minhas olheiras, meu descuido na mesa do café derrubando o copo de suco sobre a toalha ou o garfo para baixo da mesa. Jamais tivera tal sensação por alguma menina que tenha conhecido. Em alguns momentos, era surpreendido dando uma resposta mais ríspida a alguém ou abotoando a camisa de forma incorreta. As marcas de Alex ou de sua masculinidade em mim foram cruciais para que fosse me afastando gradativamente de Daisy. Ela percebia minha mudança e cada vez que o telefone tocava para mim era um martírio. Foram dias difíceis e já estava perdendo as esperanças quando algo aconteceu e pelas mãos de Daisy, ao insistir que fôssemos à exposição de artes plásticas no Largo da Igreja de São Francisco. Como estava com vontade de adquirir uma imagem de Nossa Senhora do Rosário, convenci-me de passear pela exposição para ver a arte de alguns criadores, sobretudo a de Hélio Petrus. Essas exposições mineiras das cidades históricas são marcadas pelo colorido e pela mescla entre arte e artesanato de uma beleza e originalidade ímpares. Os próprios temas de Minas são figurativizados em formas plásticas e dispostos numa festa muito bonita. Ao chegar na exposição, o universo de bricolagem saltou aos meus olhos e as montanhas de minas habitando climas e territórios diferentes e delas penetrando por becos e vielas de paisagens imaginárias das cidades. Recortes e resíduos transformados pelos criadores. Estava curioso para chegar no *standard* de Petrus quando de longe avistei as imagens de santos e de nichos por ele criados. Para minha alegria o artista estava presente e me recebeu com muita generosidade. Os objetos estavam à venda, mas era diferente a relação entre o criador e as criaturas que pretendiam adquirir uma das peças. Tratava-se de uma relação de alegria e não de comércio. Assim estava eu com uma bela imagem de Nossa Senhora do Rosário nas mãos, dourada, e com as várias cabeças de anjos à volta de seus pés, similar àquela da Igreja quando ela foi testemunha de nosso *frisson* entre santos. Ao erguer a cabeça, algo me atraiu para que olhasse à volta. Era uma energia intensa que fez com que volvesse cabeça e olhar. Lá estava Alex, parado, olhos fixos e hirtos, belo, rosto angustiado, cabelos revoltos, camisa branca de linho meio amassada, por fora da calça jeans, olhando para mim e para a escultura. Tomado de súbito, quase deixei que a obra se soltasse de minhas mãos. Aproveitando que Daisy estava distraída com uma outra imagem, fiz menção de cumprimentá-lo, ao que ele respondeu com um sorriso. A situação encorajou-me a dar alguns passos até ele e pegar na sua mão, tocar-lhe o ombro e rapidamente dizer-lhe: _ *Próximo domingo, às 18:00 estarei sozinho em Conselheiro Lafayete no Festival de Seresta. Estarei te esperando.* Minha voz estava trêmula e a dele nem saiu. Voltei para meu posto e precisei de muito tempo para recobrar o estado natural. Ele se afastou e desapareceu no meio das pessoas, enquanto fui tomado de um sentimento de profunda alegria, quase eufórica. Retomei à minha imagem, comprei-a, beijei-a como se beijasse a minha madrinha, a madrinha de nosso amor que se iniciava a passos largos. Tomei Daisy pela cintura, girei-a em torno de mim e beijei-lhe na testa. E ela sorriu, feliz, não entendendo o que me ocorrera, mas agradecida por aquele momento de prazer. Nada podemos fazer com esses sentimentos dúbios, ambíguos de que somos tomados algumas vezes na vida. Agora sabia que amava essa jovem feliz como se ama a melhor amiga. Mal ela poderia crer que havia me ajudado no encontro com Alex e no desenredo de minha autodescoberta. Queria voltar para casa. Creio que estava ansioso para vivenciar a minha nova pessoa, ou a minha verdadeira pessoa que se fortalecia mais e mais. Senti que o mesmo deveria estar ocorrendo com Alex, apesar de nossas diferenças. Ao menos eu queria que fosse assim. Abraçava minha escultura de modo apaixonado. E isso também estava muito intenso em mim. Queria ficar a sós com o objeto de arte e, ao mesmo tempo, com o sensível místico que me ligava à Nossa Senhora do Rosário. Há muito desejava possuir uma imagem artística dessa santa, tanto pela intensidade estética que possui, quanto pela simbologia que representa. Agora, a esses valores eram acrescidos sentidos ainda mais profundos que vinham de mim para o objeto de valor. Quando elegemos uma obra de arte e conseguimos adquiri-la, temos a impressão que algo do artista que a criou segue com ela de maneira eterna sem que saibamos exatamente onde possa residir essa energia. Porém, depois de nos apossarmos do objeto, algo de nós também impregna nele se une e nele fica para sempre. Eu abraçava a minha obra e queria ficar a sós com ela. Em casa, ela seria colocada num lugar bem propício, de onde poderia vê-la todas as vezes que quisesse ou mesmo que distraído, ela deveria vir até meus olhos. Fiquei assim abraçado com a imagem durante um grande tempo até adormecer no canto do sofá. O meu sono era na verdade a fuga para a felicidade que a aparição de Alex me proporcionou. As duas coisas se fundiram de uma maneira muito difícil de compreender. Bastou que eu dormisse para ver em sonho a figura do rapaz abrindo os braços para mim, abrindo a camisa, mostrando seus pelos bem definidos, sorrindo, entregando-se a mim em pleno campo verde. Esse romantismo típico de sonhos adolescentes, veio suprir minhas carências e delinear o estado de espírito que me acalentava. Ao acordar, percebi que algo em mim estava fora do lugar. A bem da verdade, tudo em mim parecia ter se deslocado durante o sono. As pessoas de casa não entenderam nada. A minha imagem segurando uma escultura de santo não correspondia à de alguém que tivera uma noite em devassidão. Eu havia me deslocado do caminho que me traçaram. Eu havia encontrado meu próprio caminho.

    Os sete dias da semana que transcorreram para que chegasse o dia do Festival de Seresta de Lafaiete foram os mais penosos de toda a minha vida. Penosos pelo grau de ansiedade que os preenchia e, por mais que confiasse no seu olhar, eu era também tomado pela incerteza de sua ida. Não trocamos uma palavra, não ouvi a sua voz, apenas transmiti uma mensagem unilateral sem lhe dar tempo de resposta. Dizer "Festival de Seresta" era muito vago. Não definimos o lugar nem a hora, não definimos nada. Muita gente vai ao festival. O atordoamento da situação havia me deixado debilitado e me apressara na mensagem. Mensagem lacônica e autoritária. Autoritária? E se Alex me julgasse autoritário e arrogante? E se entendesse que me julgasse o irresistível? Onde ele estaria agora? O que estaria pensando? Estaria ocorrendo sintonia entre nossos pensamentos? Eram essas e outras perguntas que me torturavam o tempo todo e em todos os lugares em que estivesse. Já não queria nem me encontrar com Daisy. Quando ligava lhe dava todas as desculpas e argumentava tanto que fui levando-a a achar estranho meu comportamento, levando-a a desconfiar de mim. Eu não sabia como encerrar com aquele namoro. Eu não estava sabendo me livrar da situação. Esses equívocos são comuns com muitos jovens que são obrigados a provar a sua identidade sem que ela tenha realmente se delineado. Digo delineado, pois a identidade é algo que está sempre se desenvolvendo, sem nunca fixar completamente. Os que acreditam nessa fixação, morrem simbolicamente bem antes do que se imagina. Mas para que a identidade evolua, ela tem de estar no caminho devido de seu esboço para que possa formar o desenho. O ser em formação se torna peça manipulada tanto pela família quanto pela sociedade que esperam do jovem um cumprimento das normas sociais e que demonstre a sua adequação aos comandos da convenção. O que era morno em mim em relação a ela agora não apenas estava frio como me levando a certa aversão. Daisy não merecia isso. Eu haveria de encontrar urgentemente um jeito delicado de falar com ela. Por outro lado, o grau de expectativa que me invadira dominava cada um dos meus poros. Já não tinha uma noite de sono tranquilo e comia muito pouco às vezes e outras vezes perdia o controle da situação e comia vertiginosamente. Os sete dias se misturaram na minha mente e perdia o senso de equilíbrio e de percepção de pequenas coisas. Exemplo disso foi ter ido para o trabalho com a camisa do lado do avesso ou guardar objetos pessoais em lugares inapropriados ou ainda procurar desesperadamente um objeto pessoas que estava na minha frente ou no meu bolso. Estava se iniciando em mim uma onda de transformações e de descobertas e essa onda vinha como onda: com altos e baixos e formas que oscilavam a cada instante. Isso se dava de uma maneira sincrética e eu não sabia mais desfiar os nós que se faziam dentro de mim. Era invadido de profunda alegria que muitas vezes me tirava o sono e me levava para o desalento por insegurança e fome de certezas. Nessa profusão de descompassos de espera foi que cheguei às vésperas do encontro proposto por mim. O sábado transcorreu entre fios de tempo e malhas de angústia, como placas derretidas de vontades sem saída. Afora o exagero de que são tomadas as palavras no momento que tentamos descrever algum sentimento indescritível, sentia uma dor azu-anil com filetes amarelo-ouro, conjunção de cores que deve possuir a alma em estado de autoflagelação. E me autoflagelava com intervalos cada vez menores, me deixando muito longe de ter paz. Na minha memória sensível ressoavam minhas palavras: "Próximo domingo, às 18:00 estarei sozinho em Conselheiro Lafayete no Festival de Seresta. Estarei te esperando." Mas também ressoavam os olhos de Alex, luminosos e silenciosos, fitando-me sem poder tomar uma atitude. Nós não sabíamos o nome um do outro. Um ainda era anônimo para o outro.

Chegou finalmente o famigerado domingo e com ele um calor ruidoso do meu diafragma para o resto do corpo que de ruivo, ao olhar no espelho, havia me tornado uma brasa viva, uma metáfora barroca daqueles poemas amorosos de Gregório de Matos. Mal tomei café e quis desaparecer logo pela manhã, sair daquela casa, ansioso que estava para me ver na Rodovia que me conduziria até Conselheiro Lafaiete que ficava a mais ou menos 85 Km de Mariana. Era mais uma das cidades que compunham o eixo das cidades históricas de Minas. As curvas e as montanhas exigiam mais cuidado e isso me levou a demorar um pouco mais de uma hora para chegar. O festival de serestas é tradicional em Lafayete, trazendo pessoas de várias regiões e tirando a cidade daquela atmosfera pacata em que vive. De maneira mais informal, esses festivais ocorriam em outras cidades do eixo, mesmo em Mariana. Mas o de Lafaiete valia a pena conferir. Músicas da MPB de alta qualidade, influências de artistas mineiros como Milton Nascimento e outros, faziam com que o resultado fosse de muita beleza e muita sensibilidade no festival. Adiantei-me na viagem chegando a Lafaiete antes do almoço. Esperava que meu futuro companheiro tivesse a mesma ideia e também se adiantasse. Fiquei caminhando pelos espaços do festival, para sentir a atmosfera do evento. Era a Secretaria Municipal de Cultura que o promovia. Assim anunciava o folder: "O evento está marcado para às 20h, na praça Tiradentes. Participam do festival deste ano os grupos: Coral Madrigal Daca-PP0, Seresta em Família, J. Almir, Maria Leal, todas de Conselheiro Lafaiete e a Seresta Rios ao Luar, da cidade de Entre Rios de Minas.De acordo com a secretária de Cultura, Mauricéia Ferreira Maia as apresentações vão ocorrer no coreto da praça e serão disponibilizadas cadeiras e uma tenda para abrigar o público." Devido ao sol que se expandia durante o dia, vesti-me de cor clara e usava um chapéu panamá de que tanto gostava. Apesar de o evento ocorrer à noite, durante todo o dia as muitas pessoas passeiam pelo espaço reservado, entrando nas barraquinhas, proseando, vendo as coisas de maneira descontraída. Tudo isso era muito agradável. Por volta das 13h, decidi almoçar numa das tendas que serviam comida da nossa terra e por ali fiquei um tempo, ouvindo músicas belíssimas, algumas delas de novos cantores de Minas, ainda desconhecidas do grande público. Parece que finalmente fui sendo tomado por uma moleza mineira envolvido por coisas tão naturais e belas, que pela primeira vez em uma semana eu me entregava ao ritmo da vida sem a fricção de ansiedade que me dominara. A figura de Alex vinha no meu espírito, mas com muita leveza e isso me anunciava um estado profícuo do que haveria de acontecer para os anos que se seguiram. Assim passei a tarde toda, olhando de quando em quando para o relógio para verificar quanto tempo faltava para às 18:00. Há expressões que se tornam clichês proverbiais, mas que por isso mesmo são verdadeiras. Penso em Antoine de Saint-Exupéry de *O Pequeno Príncipe* ao dizer de uma espera amorosa: "Se tu vens, por exemplo, às 4:00 horas, desde às 3:00 serei feliz."[lembrar aqui do texto de Roland Barthes sobre a espera] Era esse o sentimento que me invadia por volta das 17:00. Um novo estado de emoções me dominava e já não sabia mais como controlar tantos deles. De repente decidi tirar o chapéu e, com as pernas cruzadas, colocá-lo sobre o joelho, pois tive medo de Alex não me reconhecer. Apesar de que se o chapéu me encobria o resto todo era puro Danilo, sobretudo meu tom ruivo e ansioso.

    Foi assim, num momento de descuido, quando meus olhos perseguiam uma fita verde, em movimentos semi-circulares e longilíneos, que estava sendo levada pelo vento, que senti um perfume masculino e o calor das mãos firmes de um homem me enlaçando pelos ombros, me dizendo bem perto dos ouvidos: eu sou Alex. Muito prazer. E abriu um sorriso; talvez o mais franco e o mais bonito sorriso que tenha conseguido na vida. Levantei-me assustado e entorpecido e meu chapéu panamá caía e era levado por aquele vento vespertino, seguindo o mesmo destino da fita verde que me desviara a atenção. Num gesto automático, ambos saímos correndo para pegar o chapéu que rolava no verde gramado. Alex foi mais rápido e o alcançou. Colocou-o na cabeça e voltou para mim. Era o primeiro objeto que dividíamos. Daí, sorrindo eu lhe disse: prazer; eu sou Danilo. Ao que ele completou: "por que se escondeu nessa tenda amarela e com esse chapéu, me deixando girar há três horas como aleluia em volta da lâmpada, com a sensação de que não viria nunca mais? Odeio tendas e odeio amarelo! Cheguei a evocar os Céus e em especial Nossa Senhora do Rosário para iluminar o caminho que me levasse a ti." E sorriu. A voz de Alex era mais bonita do que imaginava. Era uma voz grave, mas a frase terminava com um timbre suave. Não sei se era devido aos dez anos que nos separavam, mas senti desde o começo uma certa ascendência dele sobre mim. Não que quisesse isso, mas ocorria naturalmente. E eu gostava. Gostava muito mesmo, no começo e durante um bom tempo de nossa relação homoafetiva. No nosso dia a dia, quando aparecia os poemas de circunstâncias para mim, essa ideia de certa infantilidade sonhadora quase sempre aparecia:

> eu te emolduro e te derreto
> icaro,
> jamais poderias duvidar da lucidez do sol
> que desvela a verdade
> e revela de tanta luz a consciência.
> mesmo que dédalo tivesse te ensinado o vôo maior
> fugir, fugir, fugir fugir
> portar o pote de tinta sob as asas
> sem dizer que elas eram de cera
> e que além do azul
> paira a forma...agradeço muito meu querido Adônis
> por ter olhos pra te verem

Apesar de meu temperamento ariano ser cheio de obsessões e teimosias, na maioria das vezes era a opinião canceriana de Alex que acabava por prevalecer nas nossas tomadas de decisões cotidianas. Por outro lado, existia nele um sentimento de humanidade que era maior que ele mesmo, rompia os limites que se lhe impunham e alçava voo em direção ao que é justo; ao que é digno. Parte de sua poesia que aprendi a ler e a admirar continha esse teor paradoxal próprio da verdadeira arte de qualquer época: trabalhava as coisas mais banais, os elementos mais cotidianos de maneira a torná-los universais e eternos naquela clássica concepção de Baudelaire de arte e de poesia que se manteve por toda a modernidade e, com novelos trocados, creio que se mantém na contemporaneidade. Vendo-o criar, acompanhando seu processo de invenção, acabei por aprender a refletir sobre a arte. Alex, além de meu grande amor, ou exatamente por isso, acabou se tornando, no mundo das artes, meu grande mestre. Talvez nisso tenha residido o início de nosso afastamento amoroso. Se nesta narrativa existe o princípio de minha busca de compreensão do que houve entre nós, talvez o tempo de mútua aprendizagem resguarde o fundamento básico que encaminhou cada um para a coragem de experimentar caminhos secundários. Alex me mostrou a luz do conhecimento por meio da cultura, das artes em geral e da poesia em particular e parece que aprendi. E esse aprendizado retirou-me as "asas de cera de Ícaro" e me fizeram ver a terra dos homens.

Voltando àquele domingo inesquecível, nas primeiras horas de nosso encontro, vivemos em estado de graça, quase impossível de ser descrito. Quem já amou entende mais rapidamente o que estou falando. Mal demos por nós e já era noite, com muita gente reunida para assistir ao festival. Entretanto, nós nos embrenhamos um no outro, com sede de ouvir o outro, com vontade de conhecer a vida do outro e ao mesmo tempo de possuir o outro com os olhos para não dizer com o corpo inteiro. Quem nos visse, e creio que foram muitos os que nos viram, não precisaria de esforçar a percepção para entender o que acontecia. O mundo e o tempo pararam literalmene para nos dar passagem. O tempo ficou supenso. Para citar Guimarães Rosa: "o mundo cessou seu tic tac". Em flashes, em pleno momento de felicidade, voltavam meus momentos de ansiedade e tensão que passei durante a semana, por medo de perder o Alex. O que me torturou o tempo todo não procedia. Tudo o que deveria acontecer estava acontecendo. Meu laconismo da mensagem foi profundamente captada por

Alex. Meu autoritarismo arrogante só serviu para que ele mais compreendesse meu desespero. E a falsa ideia que poderia ter de que me achasse irresitível na verdade era plausível. Eu me apresentei irresistível para ele do mesmo modo que ele se apresentou irrestível para mim.

Faltaria complementar alguma coisa aqui? Expandir um pouco a alegria dos dois pelo espaço da festa.

Como pressentíamos, depois daquele inesquecível dia em Conselheiro Lafaiete, na linda estória de Danilo e Alex, ambos só pensavam numa coisa: não poderiam mais viver um sem o outro. Tudo já estava escrito desde o princípio e não poderia ser diferente. Mal assistiram ao espetáculo de seresta que coroou a noite de amor dos dois, pois um só tinha o olho para o outro. Tempos depois, quando tentavam se lembrar daquela noite e do que conversaram a noite toda, apenas conseguiam lembrar de farrapos de frases e de ações que praticaram naquele espaço mágico em que vivenciaram a mais bela experiência amorosa de suas vidas. As lindas músicas que foram cantadas foram bálsamos para seus ouvidos e para seus espíritos que já estavam em estado de graça. Entrentanto, foi chegada a hora em que deveriam se separar. Isso era inevitável. Era quase dia e decidiram voltar para Mariana para retomarem a vida prática e seus compromissos inadiáveis. Cada um no seu carro impossibitava que voltassem juntos e isso fez com que fossem um atrás do outro durante os 88 quilômentros que separavam as duas cidades. Porém, 20 quilômetros era o máximo de percurso que andavam sem uma parada obrigatória. Ficavam lá em algum ponto da estrada, no bar de um posto de combustível, ou em qualquer ponto que houvesse a possibilidade de parada para se encostarem e se olharem ou convesarem um pouquinho ou rirem de alguma frase de *nonsense*, para a seguir prosseguirem a viagem entrecortada para chegarem no reduto do proibido para onde não queriam voltar nunca mais. Mediante esse estado em que se encontravam, ficavam reafirmando apenas a mesma coisa: arrumando estratégias para poderem se ver de maneira que não evidenciasse para Mariana seu apaixonado romance que se iniciava num ritmo frenético e que nada nem ninguém poderia atenuar e muito menos interromper. Mas o mundo percebeu a transformação dos dois rapazes. O primeiro escândalo familiar ocorreu com Danilo que, ao chegar em casa, estavam todos tomando o café da manhã e assustados com seu misteroso sumiço sem a Daisy, que ficou até a meia-noite do dia anterior ligando para Dona Matilde para ter notícias do namorado. O olhar de Carlos, seu irmão trazia um traço de sentido a mais que incriminava totalmente o irmão, mediante as dúvidas que vinha levantando a respeito de sua masculinidade. O pai apenas fitou Danilo e depois olhou para a esposa e se levantou da mesa se dirigindo para o interior da casa. A isso tudo se acrescentava o estado em que se encontrava o rapaz: a falta de dormir lhe resultou numa palidez que se acentuava na sua pele tão clara, seus olhos claros que oscilavam entre o verde e o azul, poderia ser classificado como verde-água, belos, meigos e felizes como nunca estiveram antes. Uma coisa já estava certa; agora Carlos sabia que o irmão era gay e para sua surpresa, foi ao seu encontro, abraçou-o e dali por diante passou a dar-lhe todo o apoio. Não podemos nos entusiasmar com a generosidade de alguns entes queridos. O preconceito que ele sempre nutriu em relação à homossexualidade não seria curada, não seria sanada de repente. Suas atitudes chegavam a ser homofóbicas. Seu abraço ao irmão representava um gesto de extrema generosidade e de aceitação pelo amor que achava julgava sentir por Danilo. Tratava-se de um gesto de compaixão como se o irmão estivesse doente, estivesse condenado a uma vida de extraviu e que, como irmão, ele deveria aceitar. De pronto Carlos se levantou e abraçou o irmão. As suas mãos fortes, masculinas e mornas nas costas do irmão levaram também Danilo a uma rápida compreensão do gesto e de si para si pensou: vou embora desta casa. Assim que possível, me afastarei daqui para viver minha vida com Alex. A partir desse momento, a partir do momento em que a frase se enunciou dentro dele, as coisas começaram a se tornar mais leves para Danilo. Apesar de não ser um artista plástico no sentido estrito, ele possuía uma percepção visual das coisas do mundo e essa percepção lhe permitir, muitas vezes, ver e ler relações que o ajudavam a compreender nós mais intrincados da realidade. Naquela manhã, exatamente naquele instante de sua chegada de Conselheio Lafaiete e enfrentando a totalidade da família, na sala tão refeições, tudo ficava muito claro aos seus olhos e ao seu cérebro. O fato de serem três — o pai, a mãe e o irmão mais velho — compunha um triângulo perfeito do qual eu jamais poderia fazer parte. Olhei em volta de mim e o fui vendo, me revelava e desvelava coisas que até então ficavam ocultas ou meio nubladas na minha consciência visual. A mesa de seis lugares era de uma madeira espessa, dura e escura, com pernas altas e roliças. O tampo da mesa era liso nas bordas, mas talhado no centro sobre o qual uma toalha de renda se sobrepunha a uma outra toalha cor de mel velho. Na ponta direita ficava uma fruteira, com algumas frutas de época como mamão, banana, laranja. Os quatro lugares se impunham com determinação e critério. Na cabeceira o pai, à direita a mãe, em frente à mãe ficava Carlos, como filho mais velho, e ao lado esquerdo o caçula que era o Danilo. Assim era a disposição da família, para o café da manhã e para as demais refeições. A ausência de um dos membros deveria ser muito bem justificada, pois o lugar à mesa era invadido por um enorme vazio. Naquela manhã, o prato de louça branca com raminhos azuis que a mãe insistia em pôr para ele, por julgar que era dele que Danilo gostava, estava reluzindo de limpeza ladeado pelos talheres e a taça de vidro para o suco, como nunca estiveram. A última parada na conveniência de um posto de gasolina foi o suficiente para que caracterizasse ainda mais o atraso. Os olhos de Danilo olhavam para os enfeites que Dona Matilde dispunha sobre o console de jacarandá, olhava para a própria mãe que trazia uma expressão de austeridade amalgamada à eterna compreensão e abnegação maternas que logo correu com a leiteira para a cozinha para reaquecer o leite, pois sabia que o filho gostava do leite bem quente. Não gostava de tomar nada morno. Comecei a olhar para tudo e tudo penetrava no meu espírito de uma forma tão singular que não podia resistir. Senti vontade correr para meu quarto para fugir daquele espaço onde tornara um elemento estranho que havia cometido alguma ação que tendia à criminosa ou algo similar da qual deveria me culpar e me injuriar. Apesar da vontade de fugir, minha fome gritou mais alto e, no centro da mesa mais velha que eu, havia um bolo de um amarelo queimado que, se fosse o de fubá que eu imaginava, era o melhor bolo do mundo. Com a ausência do pai que abandonou o ambiente, daria para suportar as expressões ambíguas do irmão e da mãe.

    Na segunda-feira, minha mãe, acreditando que ainda havia salvação para o filho, logo pela manhã foi falar comigo no meu quarto, chamando-me a atenção pelo prejuízo que causei na passagem do sábado para o domingo, sobretudo com Daisy de quem gostava muito e não admitia que a tratasse daquele jeito. As famílias eram amigas e a mãe da moça estava indignada por ver a filha triste e chorosa. Se eu não me retratasse muito bem, até correria o risco de perder a moça. Prometi que assim que pudesse chamaria Daisy para conversar. E assim o fiz. Logo depois do trabalho, fui para casa, tomei um banho pensando no Alex e me valendo de sua energia tive forças para enfrentar a situação. Liguei para a moça e fomos nos encontrar na Praça Minas Gerais entre as Igrejas São Francisco de Assis e Nossa Senhora do Carmo. Todas os momentos difíceis da minha vida eu os resolvia num cantinho entre as igrejas. Combinei com Daisy para às 20:00 apanhá-la em casa e assim o fiz. Nós nos conhecíamos desde a infância e éramos bons amigos. Não teria iniciado o namoro que já se arrastava por um ano se não fosse meu irmão Carlos ter me pressionado e minha insegurança ajudado. Daisy e eu nos sentamos num barzinho muito agradável entre as duas Igrejas. O sentido maior da escolha desse bar era o delicioso pão de queijo que serviam e que Daisy tanto gostava. O que estava me corroendo era saber que a felicidade do estômago não corresponderia à felicidade do coração. E ela estava tão alegre! Isso me dificultou um pouco para encontrar o caminho, mas esperei que ela saboreasse dois pães de queijo e disse tudo. Ou quase tudo. Expliquei-lhe a questão do amor fraterno, expliquei--lhe a questão dos desejos das duas famílias e ela quis chorar, mas não deixei. Não demorou muito e ela entendeu. Estimulei-a para investir mais seus olhares no Roberto, pois percebia como eles ficavam com a chegada dele nos ambientes. Ela sorriu e eu sorri. Saímos dali e fomos tomar sorvete na Sorveteria do Pedrinho. Me fazia bem ver o Pedrinho. Apesar de julho, fazia sol em Mariana.

 Finalmente eu acabava de realizar um gesto íntegro e honesto comigo e com o outro. Daisy seria a última mulher com quem eu fingiria ter uma relação amorosa. Sem dar vasão ao meu gênero sexual, fiquei recuado durante anos, sentindo muita vontade, mas com medo incomensurável de fazer qualquer coisa. Meus olhos estavam sempre me controlando ou controlando a direção para onde deveriam se dirigir. Quando estava no colegial sofri muito. A tensão era constante ao lidar com meus colegas, sobretudo com aqueles que queriam exibir, a todo custo, sua heterossexualidade. As brincadeiras, as brincadeiras corporais, a forma de recebê-las e devolvê-las com naturalidade, isso era muito sofrido. Um dos colegas que me marcaram muito foi o Murilo que era forte, muito bonito, com a sensualidade à flor da pele e parecia não medir esforços para me provocar. Como a minha atração por ele era extrema, muitas vezes eu ficava entregue "às invasões de privacidade" que ele ousadamente fazia: chegava por trás, me abraçava, o corpo dele todo colado ao meu, deixando em alguns momentos, quando não havia ninguém por perto, eu sentir a sua ereção roçando as minhas nádegas. Era um misto de prazer e medo; medo da imagem, medo de ser deportado do meio em que vivia, medo de ser destruído pela família, e nas minhas fantasias, medo de ser queimado em praça pública. Até conhecer Alex, me alimentei muito mais de medo do que de prazer. Medo e solidão. Quando nossa verdadeira identidade é proibida de se manifestar ou de tentar se manifestar, a impressão que temos é de estarmos numa gaiola, em que as portas estejam abertas e não podemos sair. René Magritte compôs um quadro exatamente como acabo de descrever.Chama-se *O terapeuta*. No quadro é metaforizado o modo como o ser humano lida com a sua condição no mundo. A imagem do terapeuta representa essa busca de compreensão do outro e sua imagem vem com elementos de estranhamenntos que nos conduzem ao invisível de nossa própria identidade. A forma de como o paciente vivencia seu mundo se torna bastante enriquecedor para nos fazer olhar para nós mesmos como seres viventes, eternos paciente em busca de um modo de respirar os ares da liberdade. O que mais nos chama a atenção no quadro é a maneira que se dão as formas de lidarmos com nossas escolhas, muitas vezes escolhas que não existem mas que nos são impostas pela família ou pela sociedade. Se nos dão a chance para escolhas, então se inicia uma busca do autoconhecimento por meio de autonomia em relação a nossas capacidades e potencialidades. Eu precisava de ver o mundo; o mundo tal como ele é, sem neblinagem, nem sombras.

O personagem do quadro de René Magritte — O terapeuta — foi expresso numa atitude receptiva, de forma a manter um encontro genuíno com o receptor da imagem; ela não traz em si o rosto desse terapeuta, característica das pinturas de Magritte, mas em seu lugar há a presença de uma capa vermelha e de uma gaiola aberta, com pássaros, que denota clareza e proximidade. Mas é nessa clareza e proximidade que o grande problema reside. A porta está literalmente aberta e o pássaro, pousado no lado externo da gaiola, não voa. Ou pior: o pássaro que está do lado de dentro da gaiola, nem ousa sair para fora, para ver o mundo ou sentir os ares deste mundo. Se a liberdade não foi conquistada por nós, todas as portas podem estar abertas que não teremos o impulso de sair. De todas as experiências com intensidade proibida que vivi, duas tiveram destaque e creio que chegou a hora de narrá-las. Nunca as contei a Alex, mas vá lá. A primeira eu tinha 20 anos. E trabalhava numa firma de arte gráfica. Havia por volta de 20 funcionários, quase todos jovens. Era uma turma mista, sendo que havia um pouco mais de funcionárias mulheres. O ambiente de trabalho era bastante aprazível e frequentemente, ao se encerrar o expediente, os que podiam íam sempre para o mesmo barzinho, e lá ficávamos um tempo antes de ir para casa. Era o nosso *happy hour*. Foi nesse movimento que um dentre eles se destacou para mim e eu para ele. Era o Júnior, também de 20 anos, alto, menos louro do que eu, mas com os cabelos claros da cor de casca de cebola, com um perfil de alegria contida, com um olhar meio matreiro como se estivesse sempre à espreita, muito observador e costumava se manter meio quieto quando as brincadeiras eram mais exacerbadas. De quando em quando, ao olhar para ele, seus olhos estavam me olhando num movimento de baixo para cima como se estivessem me absorvendo e ao mesmo tempo me separando das demais pessoas do grupo. Quando isso ocorria eu ficava meio encabulado e ao mesmo tempo atraído por aquela atmosfera que se criara. Apesar dos 20 anos, Júnior possuía um perfil de comportamento definido, não passava a impressão de insegurança ou de medo ao tomar suas atitudes. Conforme foram evoluindo nosso convívio, ele se aproximava sempre que podia durante o trabalho, mesmo sem necessidade ia até a minha mesa, com a desculpa de alguma coisinha que inventava para se anunciar a mim e deixava claro que me elegia de alguma forma. Quanto a mim, respondia quase no mesmo tom, um pouco menos, ainda muito marcado pela insegurança. Parece que ele lia nos meus olhos essa profusão de sentimentos que me invadiam. Um dia, ele se aproximou da minha mesa, pôs a mão no meu ombro e me convidou para uma cerveja depois do expediente. Quando eu ia responder, vi duas colegas nos olhando de uma mesa próxima. Elas segredavam coisas e sorriam. Quando olhei elas disfarçaram, mas de um modo tal que piorava a situação. Bastou aquilo para que me afastasse do Júnior e que parasse de ir ao barzinho no final da tarde. A outra experiência foi mais radical, mais arrriscada, porém decisiva para minha iniciação sexual. O que houve naquela noite volta e voltará sempre na minha memória. O medo e o prazer conjugados foram os elementos determinantes e, pelos riscos que corri, fiquei agradecido aos céus por nada de grave ter acorrido comigo. Com certeza o excesso de proibição pode nos levar à loucura. À loucura ou à ruína. Meu mundo sexual estava reprimido. Não sentia desejo por mulher e eram as mulheres que estavam à minha disposição. O tempo todo eu era lembrado que era preciso namorar, era preciso casar, era preciso procriar. Piorava a situação de alguns me acharem um belo rapaz e muitas mães ficarem nos encaixando para fazer par com um linda jovem.

Eu gostaria de descrever aquela noite da maneira mais macabra e mais sensual do mundo. As nuvens não poderiam ser plácidas e que tivessem a força do mistério de E.A. Poe e ao mesmo tempo os uivos do vento e as janelas batendo de Émile Bronté. Gostaria que fosse uma noite com chuvas de granizo ferindo meu rosto e de poucos sobreviventes sobre as calçadas como aquela peste que assolava a Veneza de Tomas Mann. Mas a minha noite, a noite desta estória, estava clara e límpida e insípida como sempre foi e sempre serão insípidas as noites em que ocorrem aniversários de 18 anos de primas róseas e alegres no seio familiar.

    Foi numa noite assim que tudo aconteceu. Fiz com que as nuvens ficassem baixas e escuras e que chovesse granizo depois de não aguentar mais aquela situação, depois de um aniversário de uma prima, Izildinha, cuja festa me trazia muitas pretendentes e tias chatas, decidi fugir da festa e conhecer o mundo. Porém meu mundo era bem menor que o mundo. Ficava a 42 km de Mariana e se chamava Ouro Preto. Diziam que era estranha e cheia de gente estranha pelas ladeiras e pelos becos abandonados. O meu corpo e meu estado de espírito pedia tudo isso e mais. Meu corpo se invadia de um calor que nada fazia diminuir e daquele jeito não poderia ficar. Peguei meu Passat e desapareci no escuro da estrada em sentido de Ouro Preto. Meus amigos burgueses tinham medo da noite de Ouro Preto. Parei num posto na saída da cidade e abasteci meu velho, mas eficaz, carro. O primeiro que tive na vida. Adorava aquele carro. A distância que separava as duas cidades não foram percebidos racionalmente, pois meu corpo só sentia meu corpo por falta de ter outro corpo que me completasse. Ao ver as luzes da cidade comecei a sentir minha vontade de mergulhar de cabeça na vastidão de minhas emoções de modo que ninguém, nem nada me impedissem. Conhecia muito bem Ouro Preto, estudei lá, fazendo cursos de extensão em artes gráficas, mas nunca tinha ido sozinho para lá assim à noite com essa sede de encontrar o inusitado que atenuasse a minha chama. Essa imagem me reportou a uma cena do filme espetacular *O segredo de brokeback montain*, em que Jack por não ter para onde ir para aliviar os seus desejos, atravessa a fronteira, à noite, correndo perigos e vai para o México, onde encontra um "menino de programa" num ambiente mórbido e de baixo astral. Entretanto, meu México era Ouro Preto e lá fui eu.

Ao entrar na cidade, dirigi-me ao centro histórico que era onde conhecia mais. Lá cuidei de guardar o meu Passat num lugar seguro e saí perambulando pelas quebradas, pelas ruas transversais, passando pelos bares mais isolados e pelo becos menos frequentados. Meu estilo naquela noite era comportado até o momento em que decidi aventurar. Agora minha roupa estava em desalinho e creio que minha expressão facial era a verdadeira imagem do desejo e da perdição. Dizem que os homossexuais, mesmo em total silêncio, entregam-se pelo olhar. Creio que meu olhar era de entrega e de autocomiseração. Decidi finalmente entrar num bar suspeito em que havia música ao vivo, entoada por uma cantora decadente. Sentei-me numa mesinha de canto e fiquei tentando me sentir no ambiente. Mas era impossível me sentir no ambiente, porque não conseguia me sentir em mim mesmo. Eu era uma massa anestesiada de desejo. Minha cabeça não conseguia pensar. Não conseguia me concentrar em nada que tivesse a mínima noção conceitual. Eu era esse ser vibrátil e ao mesmo tempo dizimado. A música que ouvia me provocava certa náusea mental. Creio que qualquer música naquela hora me provocaria a mesma sensação. O garçon mulato se aproximou de mim para fazer o pedido da bebida e eu não conseguia fazer o pedido, pois estava olhando para os olhos do garçon. Nessas horas, a nossa sensibilidade parece colocar lentes de aumento e passamos a ver sensualidade e beleza nos seres mais comuns. Mas no caso de Paulo, esse era seu nome, não se tratava de um ser comum. Mesmo que fosse ao meio-dia e com sol a pino ele auteraria a linearidade de meus sentidos se é que meus sentidos já ficaram lineares por algum momento. Com um sorriso levemente malicioso ao perceber meus olhos carentes, Paulo repetiu a pergunta sobre a bebida com um olhar que me abraçava e isso me deixou muito bem. Disse-lhe que desejava tomar uma bebida híbrida, isto é, uma garrafa grande de cerveja bem gelada e um copo alto, cheio de cubos de gelo com Campari. No Campari eu queria gelo e rodelas de laranja. Seria melhor chopp ao invés de cerveja, mas naquele bar eles só serviam cerveja. Mas já estava ficando bem: cerveja, Campari com laranja e Paulo que a partir daquele momento passou a se exibir num movimento lembrava o ritmo de uma peça de ballet moderno. Isso se dava ao trafegar entre as poucas mesas que servia e a minha. Mantendo-se discreto e atencioso, seu corpo era o grande convite e de quando em quando seu olhar confirmava a sua disponibilidade. A minha decisão estava começando a ganhar forma. Não iria voltar para casa com vazio algum que me impedisse de dormir. Aquela bebida híbrida foi muito mais um convite para o Paulo do que qualquer outra coisa. Qualquer pessoa de inteligência média e de vivência razoável iria perceber que um jovem rapaz com o olhar quedo, sozinho, tomando um Campari e cerveja ao mesmo tempo está, no mínimo, à caça de algo diferente. Acrescente-se a isso o maço de *Malboro* sobre a mesa. Esse quadro era um cena montada para a devassidão ou a lascividade. Incrível a sensação de prazer que isso me causava. Conforme eu me aclimaizava no bar, com aquelas pessoas e com aquela música que passei a gostar, porque ajudava a compor o meu espírito, arrependia-me de não ter feito isso antes, pois era muito bom, gente que era igual a gente sem medo de viver. Do outro lado do bar, havia um outro rapaz muito atraente com estilo físico de latinoamericano, usando calça branca e sapato de duas cores, vasto bigode. Seu tom de cafajeste me enibriou e seus olhos negros pareciam verter veneno. Ele me atraiu muito quando entrei no bar. Observava-me sem cessar. Não disfarçava o olhar. Num repente, atravessou o bar e chegou até a minha mesa, fazendo-me a pergunta de sempre, com sotaque latino: "me empresta o fogo, amigo?" Peguei o meu cigarro em brasas e toquei no dele. Nossas mãos se tocarm levemente circundadas pelo calor dos cigarros. E aproveitei para passar-lhe o olhar da cabeça aos pés enquanto esse gesto acontecia. Depois da abordagem que se pretendia sutil, mas que acabou sendo calorosa, fiquei entre os dois rapazes, mas esperando de Paulo algum sinal mais decisivo, pois o preferia ao estrangeiro com sapato de duas cores. Por isso, ao lhe pedir mais uma dose da bebida híbrida, reuni minha coragem e lhe perguntei se sairia muito tarde do trabalho ao que ele me respondeu que não, mais uma hora e ele estaria disponível. Foi até outra mesa para fechar a conta e noutra para colocar uma bebida. Daí voltou até mim e perguntou: é de Ouro Preto? Mora longe daqui? Com essas perguntas meu destino estava traçado. Fui bebericando meu Campari para sentir aguele prazer amargo descer pela minha garganta e por meu ser inteiro. Quando faltava uns cinco minutos para que Paulo saísse, ele pediu para que o esperasse na esquina de baixo, perto da Casa de Pão de Queijo. Os cinco ou dez minutos que fiquei na esquina combinada pareceram os mais longos de minha vida. Deu-me a sensação de se tratar da esquina do pecado. Os vários tipos de mundanos desfilavam por ali, todos à procura de algum programa. E eu não poderia esta noite olhá-los como quem está vendo *"le grand defaut"*. Pois eu era mais um desses considerados grandes defeitos. Eu estava à espera de minha caça, maravilhosa, desconhecida, sensual. Ao sair, Paulo passou por mim como se não me conhecesse e eu o segui. Depois de caminhar uns 200 metros, passando por curvas e pisando sobre aqueles paralelepípedos íngremes de Ouro Preto, úmidos, porque havia chovido, Paulo tirou a camisa branca de garçon e por baixo emergiu um corpo musculoso e bem desenhado na camisita preta com desenhos nas costas — uma águia ou algo assim — que o transformava num misto de segurança com cafajeste sensual de baile popular. Daí ele me esperou e foi me inserindo, adaptando-me no processo de metamorfose que lhe acontecia. Ele estava bem longe de ser aquele garçon tranquilo do barzinho de música desafinada. O que surgia ali era um universo de subversão sexual, sem que eu tivesse a mínima change para eu me salvar. Tentei pensar em voltar, mas já era tarde. Eu já estava quase trêmulo aos seus pés sem misericórdia e sem perdão. Abraçou-me com força e me disse: *"está nervoso, amigo? Sinto que é a sua primeira vez. Fique calmo. Você vai ver que será muito bom. Gostei de você. Vamos subir esses degraus e é logo ali em cima. Moro sozinho, ok?"* O meu estado não permitiu que lhe respondesse nada. Não apenas meu corpo estava trêmulo, mas minha voz não conseguiria emitir ao menos um som. E aqueles degraus, quase 50, que pareciam nos conduzir a lugar algum, desenhava ao mesmo tempo o rumo para o inferno (ou para o céu?). Havia acabado de ler pequenos trechos de O inferno da *Divina Comédia*, de Dante, e tudo parecia fazer sentido. Tive a impressão de já estar cumprindo a minha pena da luxúria antes mesmo de vivenciá-la. Finalmente, chegamos à altura de uma pequena porta verde-musgo à direita e com a voz grossa, baixa, rouca, bem pertinho de meus ouvidos, ele disse: *chegamos*. Tocou em minhas costas e me empurrou para o interior do quarto em que morava. Ao passar pela porta, sem que pudesse evitar, roçou em meu corpo com o seu que mais parecia uma escultura de Rodin. Poder-se-ia dizer que o que vivi naquela noite foi uma espécie de minimalismo sexual intraduzível. Ao entrar, deparei-me com um quarto minúsculo em cujas paredes posters coloridos de toda a ordem sexual as coloriam, uma pequena entrada para um banheiro também muito pequeno e uma cama de solteiro sobre a qual lençóis amassados e dois travesseiros ficavam decompostos. Ele me pegou pelo pescoço e me disse sorrindo: "desculpe a bagunça". Era impossível tentar se ambientar no espaço. O corpo de cada um era sua própria ambientação. Quando saí do quarto de Paulo, prometendo que voltaria, o antigo Danilo não se reconhecia no atual. Eu olhava para mim, tocava-me, mas precisaria de um pouco de tempo para entender. Teria que reaver peças e recompor de outra maneira outro retrato de mim. Minha pele estava frágil e, devido minha cor muito clara, aqui e acolá, eu apresentava pequenas manchas causadas pelas mãos fortes de Paulo. Confesso que voltei meio entorpecido para o centro histórico onde acomodara o meu Passat, tentei me recompor para poder tomar a direção e partir. Notei que o botão da minha camisa nova, branca, de linho, tinha sido arrancado. Minha mãe mandara confeccioná-la para o aniversário de minha prima Izildinha. Chovia uma chuva fina em Ouro Preto. Suspirei fundo e parti.

Três dias se passaram da noite do Festival. Era uma quarta-feira de agosto. Ao voltar para casa, meu pai me esperava na sala, lendo o jornal *O Estado de Minas*. Minha mãe, recostada no batente da porta da cozinha, chorava. Meu irmão, sentado numa poltrona de couro no canto da sala me olhava. Carlos tinha 30 anos e éramos completamente diferentes. Por mais que tentasse eu não conseguia agradá-lo. Minha mãe dizia que ele sempre sentiu ciúmes dela comigo. Ele não gostou quando nasci. A ligação que tinha com minha mãe o magoava muito. Extirpar-me daquela casa seria a expressão de sua vingança. E foi ele quem descobriu em primeira mão a minha história com Alex. Seus amigos iguais estavam por lá naquele dia e nos viram na nossa alegria, e isso bastou para que deduzissem ou contassem a Carlos com tom de malícia. O abraço morno de generosidade era de Judas e era o prenúncio do que viria a seguir. Contar para o pai foi o coroamento da maldade; e contou de maneira que não caracterizasse nenhum gesto de malquerência ao irmão mais novo, ao contrário, era por querê-lo bem que o fazia em nome da honra e dos bons costumes que a família fez de tudo para preservar. Ao ver o quadro composto marcado pelo triângulo que delineava a cena, Danilo desfaleceu. Não haveria de dourar a pílula. Ele teve medo e vergonha. A figura do pai, que foi vagarosamente dobrando *O Estado de Minas*, a da mãe recostada no portal, chorosa, com a mão direita sobre a testa e o irmão com os olhos bem abertos e curiosos para ver o desdobramento do enredo, tudo isso e eu entrando na sala, vestindo uma polo vermelha, calça jeans e cinto listrado, merecia a direção de Almodóvar para um filme com o título *Cenas familiares* com o subtítulo: *A crucificação do filho*. Ao ver a cena montada, fiquei assim sem reação, olhei para minha mãe que não me socorreu, eu quis ir ao seu encontro com pena pelo choro dela, mas meu corpo estagnou no centro da sala, como se de repente meu corpo ficasse enorme, não cabendo no espaço como o grande inseto em que se transformou Gregor Samsa em *Metamorfose*, de Franz Kafka. A alegoria kafkiana ainda se torna mais significativa, mais real quando se põe a nu na nossa vida.

Enfim, tomei coragem, olhei para os olhos de meu pai que não me olharam, mas que me fulminaram naquela expressão seca de descendente de italiano ignorante, de tendência a pai patrão. A atitude dele economizou qualquer argumento de minha parte. Nesse sentido as coisas se resolveram sem grandes voltas e sem falsa retórica. **Não divido o mesmo espaço com veado! Arrume suas coisas e suma daqui!** Como pano de fundo, o que era choro de minha mãe se tornou prantos, soluços e convulsões. Os olhos de meu irmão eram firmes e atentos aos gestos meus. Os olhos de meu irmão estavam hirtos. Meu corpo ficou estático no meio da sala, sem ter como ir para qualquer direção. Eu queria chorar, mas não me foi dado esse direito. Então, fui me afastando em direção à porta, abri-a e saí de casa como um baú jogado cheio de tralhas. Na rua, eu estava livre dos olhos de minha família, mas estava completamente preso aos olhos da cidade. Mesmo que não estivessem me olhando, eu me sentia olhado com olhos vítreos, com que me reificavam à luz do dia. Ao sair da sala de casa, fiquei perambulando ali pelas redondezas até mesmo com vergonha de procurar um pensionato e ter que justificar minha atitude. O mal estar que me invadia não cabia em nenhum lugar e se excedia de vazios carregados de desespero. Eu fiquei à mercê de mim mesmo. Eu quase me tornei criança indefesa. Então eu chorei.

    Respirei fundo, clareei meus olhos que estavam neblinados, e aos poucos fui me sentindo vivo de novo, fui me sentindo capaz de caminhar e me pus a raciocinar sobre minha condição. Tinha no bolso minha carteira com meus documentos, algum dinheiro, cartão de crédito e talão de cheques. Assim eu me impunha como cidadão do mundo. Lembrei do meu trabalho e isso me animou. Lembrei-me de um pensionato das Irmãs Carmelitas e achei simpática a ideia de me hospedar lá até ajeitar a minha vida. Minha bagagem, os meus pertences eram meus de direito, eu os retiraria no outro dia na casa de minha mãe. Impressionante como os ajustes da vida se dão impulsionados pelas circunstâncias. Ao ser aceito como hóspede das freiras com aquele ar que só elas sabem impor às coisas, senti-me purificado de qualquer resíduo de impureza que pudesse existir em meu corpo e em minha alma. Os corredores silenciosos, os horários rigorosos, a brancura das toalhas, enfim, todos os entremeios daquele lugar era permeado por certa higiene, por um estado de magnetização que impregnava até os poros. Assim que me acomodei, procurei ligar para o Alex, pois se a notícia chegou entre os meus, pode também ter chegado entre os seus. Ao me atender sua voz estava engastada, meio afásico, meio gago que mais tarde vim a saber que era como ficava em situações de desespero. Ele estava tentando me ligar há algum tempo, mas não estava conseguindo e não sabia onde me procurar. Sim, a notícia havia chegado de maneira menos escandalosa na casa dele, mas havia chegado. O atenuante é que ele não tinha nem pai e nem irmão mais velho invejoso e machista. Mas tinha a mãe chantagista que criava doenças para mantê-lo perto de si. Tinha uma irmã preconceituosa de inteligência duvidosa, casada com um engenheiro chauvinista que vivia dando indiretas em Alex por meio de piadas sobre gays. Começaram a fazer perguntas a ele sobre o rapaz com quem estava em Lafaiete bem mais jovem e que não fazia parte do ciclo de amizade da família. Um primo distante, que estudou com o poeta e sempre o perseguiu com piadas de mal gosto, ligou a ele e lhe disse se finalmente ele teria saído do armário. Essa atmosfera o deixou muito mal com o complicador de que a mãe começou a dizer que estava sentindo a pressão alta e uma dor bem no meio do peito. A irmã o acusou de culpado pelo que a mãe estava sentindo e que se a mãe morresse não o perdoaria. Por caminhos diferentes ambos estávamos em maus lençóis e nunca tiveram tanta necessidade de nos encontrar e decidir os nossos destinos. O que me ocorrera, aparentemente mais grave, mais dramático, foram os êmbolos da máquina da vida que me conduziram de maneira mais decisiva à libertação. Para esse tipo de notícia, Mariana ainda é uma cidade pequena e isso era transmitido pelo olhar das pessoas, alguns com mais malícia, outros menos, outros ainda com tom grave e os moralistas. Na verdade, um ato como esse torna-se um acontecimento. Desperta nas pessoas as mais diferentes sensações e mexe de uma maneira ou de outra com todas. Homossexualidade torna-se apenas o pretexto para cada pessoa mobilizar a sua forma de desvio escondido, os seus refúgios inauditos, os seus desejos reprimidos. O que me aconteceu passou a passear pelas mentes que se mantêm presas por medo dos valores sociais que em nome desses valores, acabam destruindo seus valores pessoais. E se pensarmos bem, uma pessoa desapegada das veleidades do mundo precisa de muito pouco para compor o seu nicho onde vai guardar seus valores pessoais. A imagem do meu quarto no pensionato das freiras era uma espécie de síntese desse pensamento. Uma cama de solteiro com lençóis e travesseiro alvos de algodão, um criado de madeira sobre o qual deixava pequenos pertences como a imagem de são Jorge, meu protetor, meu despertador, meu celular e pequenos papeizinhos com números de fones de amigos e pronto. Nem a imagem de Nossa Senhora do Rosário ainda não havia podido pegar. Aos pés da cama meu par de chinelos, e sobre o travesseiro meu pijama. No pequeno armário, algumas peças de cabide e nas gavetas as demais vestimentas: shorts, meias, cuecas, camisetas. Consegui que minha mãe guardasse as demais roupas para mim, para eu pegar quando houvesse como levá-las para um espaço maior. Mas a vontade que dava seria ficar apenas com essas peças e esses pertences. Era como se fosse a vida passada a limpo, sem consumismo, sem espírito competitivo. Foram dias muito agradáveis, em que respeitava os rituais do lugar e que eu tinha as coisas básicas com muito asseio e dignidade. Nasceu em mim uma espécie de sensível místico baseado nesse princípio das coisas simples. No terceiro dia em que eu estava no pensionato levando essa vida de pureza e de brancura dos lençóis e de uma alimentação com falta de sal, foram me avisar no meu quarto que eu tinha visita. Qual não foi minha surpresa e alegria ao ver Alex no hall de entrada, sentado numa cadeira de varanda, brincando com um cãozinho vira-latas. Ao me ver, seus olhos lacrimejaram por eu estar ali, passando por aquela humilhação do filho expulso como se tivesse cometido um crime muito grave. Ele me abraçou de modo a compartilhar com o nosso momento e eu me senti não mais sozinho. Era uma mudança brusca na minha vida. Os dez anos a mais de Alex o favorecia. Demonstrava mais seguro em situações mais adversas. Eu era muito jovem e apenas meu sentimento de sobrevivência é que atuava como alavanca desses percalços. Como ele não podia entrar no meu quarto ficamos ali por um tempo e já tramando coisas decisivas de nosso futuro. Alex me disse que levara a mãe ao médico e que ele lhe assegurara que ela estava em excelente estado de saúde. Mediante tal situação, o plano para o futuro que iria apresentar em breve para mim estava prestes a ocorrer. Pediu apenas um pouco mais de paciência. No sábado de manhã, após me ligar avisando, veio com o carro dele e me apanhou para conversar. Fomos para um lugar bem bonito entre montes nas redondezas de Mariana, mas agora não mais às escondidas. Perdemos o medo de sermos vistos. Foi um encontro de sombras e luzes. A gente havia passado por uma turbulência muito forte e agora estávamos em transição para uma nova vida. Éramos dois sentimentos em suspense, um tendo o outro como exercício da possibilidade. Esse momento de nossas vidas não pode ser simplesmente contado como se fosse mais uma pequena história de transição. Pairava em ambos um peso interior de algo que não sabíamos descrever e nem atribuir valor. Lutávamos contra uma culpa que a família alicerçada pela sociedade, pela religião nos impunha e parecia que nada no mundo nos livraria daquele fardo. Durante o período que passei no pensionato das Carmelitas, eu tinha que pensar em mim todos os dias, todas as horas e todos os minutos. À noite, ao dormir, tinha pesadelos horríveis. Cheguei a ser acordado com alguém batendo na minha porta para eu parar de gritar, de sussurrar em surdina noturna. Minha mãe vinha em lágrimas e voltava meu pai com o dedo em riste me chamando de veado e me expulsando de casa sob as gargalhadas de meu irmão. Em outros sonhos, vários relógios marcavam horas diferentes e decidiam tocar todos ao mesmo tempo e no meio daquelas batidas emergia o padre de minha paróquia também apontando a direção da porta para mim e eu perdido, caindo na escadaria da catedral rolava até o chão da rua. Durante o dia eu acreditava que estava bem, que minha vida havia se resolvido, me conduzindo às novas perspectivas que fossem melhores que aquela vidinha provinciana de Mariana. Entretanto, mesmo durante o dia, eu não podia vacilar por nem um segundo e uma sombra de mal estar invadia meu diafragma, meu fígado, todos os órgãos para avisar do meu estado e de meus sofrimentos. Como disse, naquela manhã decisiva para o futuro dos dois protagonistas, nossa vida estava mesclada de luz e de sombras. Mais uma vez, o sentimento barroco permeava nossa vida. Se por um lado a ansiedade para o que haveria de vir possuía uma natureza eufórica, por outro lado, havia certo obscurantismo que envolvia aquela separação imposta por meu pai me excluindo do seio familiar e denegrindo minha imagem perante a sociedade. É muito cruel ter de negar uma cidade inteira, desterrar de suas raízes, forçar um esquecimento que não se esquece devido a um preconceito absurdo, a uma irascibilidade bruta, como se o espírito se munisse de raízes daninhas. São estados de homofobia que podem levar ao assassinato mórbido. Fico imaginando se resistisse à sua atitude agressiva. Melhor dizendo: não quero imaginar. Aquela cena familiar de extermínio de minha pessoa ressoou de modo bastante ruim e ao mesmo tempo peculiar dentro de mim. Ficaram fumaças, fuligens recobrindo as paredes de meu mundo interior e durante anos elas me perseguem sem que eu consiga abrir uma porta contra incêndio para que tudo saia para fora. Por isso que tautologicamente volto ao assunto como uma forma de triturá-lo e exorcizá-lo. Às vezes fico pensando na minha mãe e como deve ser o seu mundo interior com aquele marido e com o filho que saiu à imagem e à semelhança do pai. Era comigo que ela trocava ideia sobre qualquer pequena coisa do dia a dia. Chegava a pedir minha opinião sobre o tecido para um vestido que deveria escolher para uma festa. Ela não teve filhas. Eu brincava com ela. Quando podia, ajudava-a na lida com o almoço de domingo, descascando legumes ou fazendo uma outra coisinha qualquer. Comigo ela ria. Eu percebia que tinha vontade de ir ao mercado escolher os mantimentos, mas meu pai resolvia essas coisas da vida doméstica. Com as vozes ativas e autoritárias do filho mais velho e do marido, minha mãe sempre foi a última a ter voz na minha casa. Quanto a mim, o estigma do delicado impedia até mesmo que eu opinasse. Bem, saindo da digressão e voltando ao motivo que levou Alex e eu à conversa decisiva, ele acabou me propondo que fôssemos embora juntos de Mariana e que assumíssemos nossos sentimentos sem limites de família e de sociedade; iríamos para uma cidade grande, imparcial e lá viveríamos a nossa história, sem que precisássemos de nos incomodar com quem está nos olhando ou nos filmando com os olhos. Alex se abriu sobre seu passado afetivo. Apenas no início ameaçou de namorar uma menina, mas percebeu de imediato que não gostava do cheiro. Pelo seu jeito másculo, sofreu muito com as perseguições femininas, sobretudo aquelas da classe social da família. Teve algumas aventuras sexuais quando viajava para cidades maiores e mais distantes. Jamais em Mariana, por causa do medo de denegrir a sua imagem. Alex não gostava de falar sobre seu desempenho sexual, dado a sua personalidade de natureza intimista.

 A escolha de Curitiba para morarmos foi determinada depois de fazermos uma reflexão bastante apurada sobre várias cidades brasileiras, principalmente capitais. Se fosse pela minha infantilidade entusiasmada, escolheria uma cidade praieira como várias do nordeste ou o Rio de Janeiro. Porém Alex me convenceu de escolher Curitiba até mesmo pelo caráter fleugmático da cidade em que as várias etnias de origem europeia como os ucranianos e alemães pudessem fornecer o tom para a sua invenção poética e uma abertura profissional para a minha área de artes gráficas. De repente me abraçou, trouxe minha cabeça para junto da dele e me segredou: "se a gente não gostar, vamos embora para outra cidade. Nós estamos livres." Ali se iniciava a nossa aventura amorosa. Aventura por ser inaugural, baseada em muitas mudanças com um olhar para o desconhecido, muito similar a um voo de asa delta, em que, além do conhecimento da técnica, há de ter habilidade e sorte, além de contar com o acaso, fundamental no processo.

No nosso caso, eu dependia muito mais do Alex do que ele de mim. Ele conhecia Curitiba e eu não; ele conhecia mais a vida por experiência e tempo mais do que eu. Mas eu entrava com minha alegria e vontade e com meu amor por ele baseado na confiança. Eu confiava em Alex. Além do mais, a sua poesia precisava de alçar voo. Apesar de ser um bom poeta em potencial, é quase impossível para um poeta impor sua arte, em Mariana. A localização da capital paranaense cumpre muito bem nossos intentos. Depois de refletirmos os vários lados do tema, decidimos assumir Curitiba como nosso porto seguro nesse início de relacionamento a dois. Alex precisava de um mês para dizer adeus a Mariana e eu não precisava de nem mais um dia. O preparo psicológico de Dona Glória era o ponto mais delicado de que necessitava para poder partir sem consequências mais atrozes. Aproveitei esse tempo para organizar algumas coisas. Dentre elas, a venda do meu Passat era necessária, para aumentar as minhas reservas no início de minha vida fora. Alex tinha um bom carro e estava muito bem para nós dois por enquanto. Do momento da decisão até nossa partida poder-se-ia dizer que o mundo se tornou uma longa assonância de [a]. Foram 22 dias de claridade e ansiedade sadia. No vigésimo terceiro dia partimos, por volta das 9:00 da manhã partimos para o sul. Um vento frio visitava nossa cidade natal. Entre um renque de árvores emergia a torre da Igreja Nossa Senhora do Rosário dos Pretos. Ambos volvemos nossos olhos para a imagem ao longe e nos olhamos. Alex acelerou e partimos.

Nos dias que se seguiram ao da felicidade se iniciou uma espécie de revolução de identidade que iria gerar todos os efeitos que uma revolução pode causar. A diferença agora era que ela se dava a ambos: Alex e Danilo. E esse fato intensificava nossa coragem de lutar por nós mesmos e pela nossa união. Narrando tudo isso agora percebo que ganhei o maior dos presentes durante esses anos. A competência do discurso. Quanto mais nos reprimimos, quanto mais a nossa identidade fica rendida nas malhas da família e da sociedade, mais ficamos escravos de uma afasia linguística, uma espécie de deslexia psicológica que faz de nossas carências nossas próprias jaulas. Na minha casa, todos apontavam para minhas mudanças, para minhas estranhezas, como eles diziam. Mas o foco de minha perseguição estava em meu irmão mais velho, o Carlos, com tendências homofóbicas, que sempre desconfiou de minha "fragilidade" e tentou várias vezes interferir na minha iniciação sexual. Ele atuava como um cão de guarda, um leão de chácara e dele, sinceramente, eu tinha medo. Foi por ele que tentei namorar Daisy. Queria ter um pouco de paz. Mas se pelas atitudes Carlos se mostrava mais perigoso, na verdade meus pais cinquentões mineiros, naturais de Mariana, eram piores. Eles eram católicos ortodoxos. Eles eram italianos, magros, brancos, narizes aduncos, os anos os deixaram parecidos fisicamente e iam à feira e à missa juntos. Neles, não havia nenhuma hipótese de apenas imaginarem algo que tangenciasse o que estava acontecendo comigo, seu filho. Por isso meus olhos passeavam pela sala de jantar e deduzia que era imutável. Aquela mesa de jacandá que tinha a idade do casamento deles, os demais móveis que acompanhavam a mesa, os enfeites kitches que decoravam, tudo nasceu antes de mim. Tudo impregnava minha vida inteira e havia impregnado a alma do Carlos que estava com casamento marcado para julho do ano seguinte com uma moça de família. Ele estava noivo. Nos olhos de minha mãe havia algo difícil de decifrar. Eu tinha a impressão que era um brilho há muitos anos fechado na cratera da alma e que ela jamais conseguira expressar. Os olhos secos de meu pai coibia os seus. Como se fosse uma cegueira que se impusesse congênita e deixasse a pessoa mais próxima cega também. Não penso aqui na alegoria de José Saramago; penso sim na realidade visitada por nós neste mundo de pesadelos. Foi preciso que ocorresse em mim um solavando, uma sofreguidão de montanha russa dos parques de diversão para que se operassem essas forças profundas. Tocava na minha pele e não acretitava em tudo aquilo. Tinha a sensação de sobrevivência. Bastante dolorida, mas era sobrevivência. Era evidente que Alex estava sendo a minha montanha-russa. Ele fora meu susto e o meu defrontar-me com algo parecido comigo. Digo assim porque descoberta de identidade é algo bastante complexo e não se pode transformá-la em uma coisa banal. Anos depois, quando passei a ler poesia influenciado por meu parceiro, descobri que a poesia, a grande poesia, pode se transformar numa fonte efetiva de aprendizado, além do prazer. Nesse sentido, dentre os poemas que li e as músicas que ouvi que também foram determinantes para mim, de um eu me lembro bem por me perseguir dioturnamente e ele assim se expressa:

> Quando olho para mim não me percebo.
> Tenho tanto a mania de sentir
> Que me extravio às vezes ao sair
> Das próprias sensações que eu recebo.
>
> O ar que respiro, este licor que bebo,
> Pertencem ao meu modo de existir,
> E eu nunca sei como hei de concluir
> As sensações que a meu pesar concebo.
>
> Nem nunca, propriamente reparei,
> Se na verdade sinto o que sinto. Eu
> Serei tal qual pareço em mim? Serei
>
> Tal qual me julgo verdadeiramente?
> Mesmo ante as sensações sou um pouco ateu,
> Nem sei bem se sou eu quem em mim sente.
> Fernando Pessoa – (Álvaro de Campos)

Gosto muito do poema por não tentar resolver aquilo que não se resolve. Por danificar as compreensões lineares. Acho muito atraente esse jogo de máscaras entre o que se poderia denominar o eu e o mim do sujeito. Se as vertentes do sujeito são embaçadas, ao menos um sujeito à procura de si mesmo pode encontrar as suas bordas e com muito jeito, pode ir penetrando para o interior da moldura. Eu estava ansioso para rever Alex o mais breve possível, mas deveria aguardar dois dias, pois teve de viajar com urgência para Belo Horizonte para levar a mãe ao médico de costume. Ela estava se queixando de uma dor no meio do peito, assim que ele voltou do longo dia em que passou no festival de seresta. Dona Glória, viúva há alguns anos, tinha apenas dois filhos: Alexandre e Tereza, cinco anos mais jovem que o irmão, mas havia se casado e já tinha dois filhos. Depois que o marido morreu, D. Glória passou a viver a vida do filho que foi se afastando de sua própria vida para cuidar da mãe.

Acredito que nada foi mais importante para nos mover cada vez mais nesses anos em que nos amamos que o vasculhar de nossa identidade. O tempo inteiro, no dia e na noite, enquanto fazíamos as coisas mais triviais, estivemos com uma agulha de tricô indo pelas veredas da malha que se fabricava, desmanchando os nós que ficavam icorretos, compondo desenhos, misturando cores e assim, sem descanso, o tempo todo. Muitas vezes ficávamos como caramujos, cada um em seu canto, fazendo alguma coisa ou não fazendo nada visível. E ficávamos assim durante um bom tempo, sem que um invadisse o mundo do outro. Quando íamos à praia, depois de brincarmos na água, até mesmo como dois meninos, derrubando-nos mutuamente, chutando a perna do outro, pregando surpresas desagradáveis, a gente se cansava e ficávamos assim ao longo da maré, olhando para nosso próprio corpo, olhando para a linha do horizonte em que o mar se encosta no céu, baixando nossa cabeça para o chão, limpando nossos pés na água e ficávamos por muito tempo assim e naqueles momentos éramos muito sozinhos no mundo. Muito sozinhos no mundo. Mas essa sensação da verdadeira solidão da qual ser humano algum pode se livrar encontra de repente o seu extravio na consciência do amor. E então, a gente levantava a cabeça em direção ao outro e eu respirava fundo: eis o Alex. E sentia que ele também sentia: eis o Danilo. E a gente se abraçava.

Este escrito tem sido realizado primeiramente de forma manuscrita por problemas que tenho com a digitação no computador. Ela está sendo um exercício de amor e de desapego a um excesso de amor próprio que tantas vezes nos faz renunciar a buscas relevantes e aprendizagem desmesurada. Este escrito está sendo guiado pelo Alexandre por aquela carta de amor que ei de encontrar a forma devida para respondê-la. Tem que ser neste vão em que a pena resiste e também resiste o desconsolo do silêncio e da solidão sem as águas do mar, sem que os pés brinquem na areia, neste vão pontilhado por ruídos mais distantes, menos distantes, até mais próximos e por fim totalmente próximos destas linhas pretas que me levam a afastar de meus presságios e ver apenas o imponderável das palavras. Aqui ouço o ruído da mão que se arrasta sobre o papel como as serpentes-metáforas de Octavio Paz, a cada deslisar sob o próprio ritmo dos dedos que determinam a precisão definida pelo cérebro e pelo coração. Mas os ruídos salpicam o espaço e o tempo, marcados pelo vazio deste exercício de possibilidades de expressão de uma vontade de desenhar com palavras o sentimento de um ser amoroso que tem dificuldades para escrever. Estendo a cada frase construída a expansão dos meus limites para poder atingir a compreensão do Alex e, quem sabe, a quantos mais forem interessados em refletir sobre o amor e sobre os descaminhos da alma a que ele conduz. O que aqui se realiza deve absorver, sugar as marcas do instantâneo corrosivo do presente e arremeter para as pegadas do inesperado e do acaso. No sincretismo deste mistério apenas esta narrativa acontece numa inexorável dimensão temporal em que cada fonema se liga ao outro e formam signos que se engatam em outros signos como aquelas pequenas lagartixas de parede que param e aceleram pela parede afora a não ser que uma toalha de algodão cru a derrube para que ela caia e se espatife e seja lançada ao bueiro e se mistura às profundezas das águas pútridas. Nesse fluxo de serpentes que se arrastam entre a pena e o papel e meu pulso que escorrega e se comprime no dedo polegar que dói por se forçar ao peso. Desse frenesi físico a luta se constrói na busca do desenho de um sentimento verdadeiro. Um dia, quando observava o Alexandre escrever — eu no canto da sala sentado na minha bejer cor de vinho que encontrei na loja de móveis usados –, ele no outro canto da sala, na sua escrivaninha com uma luminária acesa, fiquei pensando o que levava um ser a escrever, a escrever como missão, a escrever como o gesto mais precioso que teria na vida. Fiz a indagação a mim mesmo e tive a sensação que jamais nessa vida eu seria esse ser. Eu era despido desse impulso criador. De quando em quando, com as mãos suspensas, ele me olhava de soslaio, com uma expressão de certo alheamento. Quando se defrontava com meus olhos, tomava tino da situação e me sorria levemente. A seguir continuava seu trabalho. Naqueles momentos eu compreendia a universalidade da obra de arte. Estava no alheamento a captação do ir além do contingente, do transitório. No momento em que criava se dava um espécie de divórcio entre nós. Como foi desde o começo de nossa história, nunca houve problemas nisso. Compreendi logo que deveria ser desse modo. Muitas vezes eu sentia vontade de interrromper o seu processo para sairmos um pouco, tomar uma cerveja, rirmos de coisas triviais, ver a vida com *nonsense*. Mas ao olhar para ele, não tinha coragem de fazer isso, sobretudo quando ele se encontrava no fluxo da invenção. Todavia outras vezes para minha surpresa, num momento que achava ele estar mergulhado nos seus poemas ou nas reflexões sobre a poesia em geral ou poesia contemporânea em particular, enquanto eu ouvia minha música com fone de ouvido para não perturbá-lo, ele saía de seu reduto criador, espreguiçava, me abraçava e me propunha alguma coisa bem mundana, com toda a insensatez do mundo. A gente ria e mergulhava naquilo que foi proposto.

Além de sua poesia, Alexandre Campos é muito solicitado para realizar palestras e conferências em evento acadêmicos ou alternativos para abordar temas polêmicos. Três vertentes geram o respeito em relação ao Alex: sua forma inteligente de lidar com a cultura, sua competência poética possuidora de um estilo ímpar e a forma engajada de lidar em favor da homossexualidade. Transcrevei a seguir um fragmento de um longo discurso que fez na Universidade Federal do Paraná durante o Simpósio intitulado "Literatura e Resistência." Ao meu ver esse foi um dos mais contundentes discursos que realizou até hoje. O título de sua fala foi "Famosos homossexuais: considerações críticas." Passamos, então, ao pequeno fragmento:

"[...] É difícil tratar de um tema quando ele é minado de princípio. Ou minado ou blindado para que seja atingido pela agudeza da verdade. Apenas aceitei o convite porque se não o fizesse outros aceitariam e poderia mais uma vez estar milindrando um assunto tão delicado." Falar sobre a homossexualidade entre famosos escritores para não dizer de famosos em geral, creio ser um tema inócuo, por não entender muito bem para onde conduzia e no que influenciar a humanidade de forma profícua. Ainda pior: o fato de famosos escritores serem destacados por sua condição sexual é bastante estranha para os próprios caminhos da literatura. É claro que, por minha formação cultural, conheço algumas biografias e nelas a condição sexual aparece juntamente com sua produção artístico-literária. Daí justificar a sua produção por seus dados biográficos é outra coisa. O que nos chama mais a atenção é a curiosidade com que a chamada camada heteressexual possui em relação ao assunto. Gostaria de saber o que altera no mundo conhecermos a história Arthur Rimbaud e Paul Verlaine, suas paixões e seus impulsos violentos diante de sentimentos como ciúme e ira? Reconhecer na poesia de de Verlaine os elementos paradigmáticos da poesia simbolista ou tentar compreender em Rimbaud a grande revolução na lírica ocidental que ainda espera para ser devidamente compreendida, isso sim faz sentido. Mas confirmar sua condição sexual, conhecer detalhes dessa relação não leva a nenhum valor mais frutífero. Já foi o tempo em que os elementos biográficos eram decisivos para determinação da obra de um autor. É claro que certas biografias, certas histórias de vida, se tornam altamente atraentes mediante a grandeza da obra do auto, de seu sucesso e influência para a história da cultura. Eu mesmo me vejo muitas vezes lendo e relendo algumas biografias. Parece que a história de vida traz o nosso autor preferido para o mundo dos mortais, dando-nos a impressão que ele estaria do nosso lado, vivendo como se vive, sem mitificação. Assim já li várias biografias, de autores de tendências sexuais diferentes: seja a vida singular de Leon Tolstoi, de Machado de Assis ou de Virginia Woolf. Trata-se de autores clássicos da literatura mundial, cujas obras justificam-se por si mesmas. As biografias desses autores acabam sendo parte de seu universo e conhecê-las, mesmo ilustradas po certa fantasia dos biógrafos, não deixa de ser interessante. No caso de Virgínia Woolf, alguns pontos se tornam atraentes na sua figura com mulher e como escritora e um deles foi sua condição sexual. Diz a crítica — e nisso reside alguma sombra de preconceito — que seus textos críticos trazem uma precisão e uma objetividade "masculina" o que difere da natureza de seus textos ficcionais. No caso da dama da literatura inglesa, torna-se difícil, se não impossível, penetrarmos na teia do fios que construíram a sua vida. A sua eterna insatisfação que a conduziu a permanentes crises de depressão foram mais fortes que sua competência como escritora e como editora proprietária da Haward Editora. Talvez tenha intensificado sua condição psicológica doentia o fato ambíguo de sua vida sexual. Casada com Leopold Bloom não conseguiu sua total liberdade para vivenciar mais abertamente a sua vida. Talvez Virgínia Woolf tenha conseguido realizar um dos mais originais suicídios do mundo literário. A imagem dos bolsos cheios de pedras e ela caminhando lentamente para o fundo das águas depois de dexar um carta-bilhete para Leopold foi o gesto mais inglês que já se viu. Mas a obra de Virginia continua viva e continuará por todo e sempre. Mas voltando alguns anos ao fato que ocorreu com a grande escritora e crítica inglesa, outra história até mais obscura se passava em Paris com o poeta português Mario de Sá-Carneiro. Criador de uma obra relevante na Literatura Portuguesa, deixando versos antológicos como os de *dispersão* ou obras de dimensão expressiva e intrigante como é o caso de *confissão de lúcio*. Podemos falar de uma profunda influência que Fernando Pessoa exerceu sobre Mario de Sá-Carneiro, mas não se pode afirmar que tenha havido mais do que isso entre os dois poetas. A propósito, naquele período das primeiras décadas do século XX, as questões da sexualidade eram perigosíssimas. As perseguições eram infernais mesmo nas melhores casas do ramo. Alguns poetas conseguiram sair praticamente ilesos de possíveis acusações. Fernando Pessoa é um grande exemplo dessa isenção. Com a maestria da arte de fingir do poeta, consciente de suas sensações, muitos de seus poemas, sobretudo aqueles sob o heterônimo de Álvaro de Campos trouxeram à luz índices, traços de estilo reiterados que apontam e elevam a homossexualidade a uma dimensão tão elevada, mas num grau de poética tão intenso que se torna impossível declarar-lhe seu universo pessoal. Dentre tantos poemas em que isso ocorre não podemos deixar de assinalar *Ode a Walt Whitman*. Poema magistral nose dá a impressão de uma explosão/implosão de uma profusão de gêneros poéticos (lírica, drama e epopéia) conjugados para esculpir o destino, a condição do gênero humano. Já que o poema de Pessoa explicita no título o nome do poeta norte-americano a quem cria uma ode moderna, dentre outras como *Ode Marítima* e *Ode Triunfal*, e poeta deixa claro na metáfora (eis um oxímoro) uma posição que não é apenas em relação ao estilo de Whitman, mas também em relação a uma atitude frente aos enfrentamentos da vida que nem sempre ou quase nunca o poeta português consegui manifestar. Creio que as condições extremamente castradoras da Europa e mais ainda da de Portugal interferiram nos comportamentos do poeta. Recentemente veio à luz editorial um texto narrativo do grande escritor e crítico francês que ele havia na época em que foi escrito mostrado apenas para poucos amigos. Nesse texto ele narra uma aventura sexual ou homossexual que vivenciou e que marcou positivamente sua vida. Como resumem os editores, "Em 28 de julho de 1907, André Gide, que se hospedava na propriedade de seu amigo Eugène Rouart em Bagnols-de-Grenade, próximo a Toulouse, encontra um jovem, Ferdinand, filho de um empregado da herdade. Com este, que ele apelidará carinhosamente de "pombo-torcaz" — ramier, em francês — em razão de uma espécie de "arrulho" que ele emitia ao fazer amor, o futuro Prêmio Nobel, à época quase quadragenário, viverá uma noite de êxtase que o fará sentir-se "dez anos mais jovem". Arrebatado pelo acontecimento, Gide se lança no relato lírico e minucioso desse episódio, ao qual terão acesso apenas alguns amigos muito próximos, entre os quais Jacques Copeau. "Gide volta várias vezes a Bagnols, e se preocupa com o destino de Ferdinand, que morreria em 1910. Seu Pombo-torcaz, no entanto, não seria jamais publicado." Na verdade, a condição sexual de André Gide, apesar de socialmente ter adotado uma imagem heterossexual, apresenta todos os índices do seu avesso. Só pode ter realizado *Frutos da terra* alguém que tinha conhecimento suficiente sobre o assunto. [...]

E assim prossegue sua fala de 90 minutos para um público de 200 pessoas entre alunos de graduação e de pós-graduação, além de parte do corpo docente e convidados. Ouvir o Alex falar sempre foi para mim o maior prazer e orgulho. Apesar de ele achar piegas, eu não aguentava e ficava logo na primeira fileira. Sei que isso levantava a nossa bandeira, mas naquelas alturas já nem se poderia falar em bandeira. Isso era coisa do passado, uma vez que a causa gay estava no seu discurso. Muitas vezes nas chamadas questões de minorias, o que não auxilia no andamento da causa, da sua evolução, são as gamas de preconceito da própria categoria que se esconde em máscaras capazes de negar seu próprio grupo para se dar bem com as maiorias autoritárias. Como disse, não consiste apenas de homossexuais mascarados que apontam o indicador para os verdadeiros quando apenas eles querem acreditar que não sejam, quando o mundo os vê na sua enrustida condição. O pior é que tendem a ser moralistas e muito preconceituosos. Com outras minorias o mesmo grave problema ocorre. As gradações de negritude que vão favorecer mais ou menos os afrodescendentes que não se assumem como tais é uma conhecida e lastimável manifestação racial que tem implicação psicosocial de natureza grave. Essas questões assolavam dia e noite na consciência crítica de Alex, e passaram para mim como fonte contundente de minhas preocupações socioculturais. Eu me sentia fragmentado mediante a situação do nosso país e do mundo, dividido e multiplicado ao mesmo tempo ficando entre a consciência e o sentimento de incapacidade para resolver os grandes problemas do homem. Nesse poema mais recorrente de imagens que consigo traduzir, sinto-me representado nos versos de A. Campos:

obrigo-me a recuar nas margens de teu reinos
com turvos olhares e desejos vãos
identifico-me em teus pedaços
e recolho
(mãos frias e pés descalços)
cada filamento de teu gesto
resto de mim em potes de porcelana
numa bandeja a cabeça;
na outra: o coração.

Um poema muito especial que ganhei de Alex ou que ele fez para mim registrou um dos momentos mais significativo da nossa relação. Daqueles momentos que o lúdico não anula os sentimentos mais puramente humanos, mais próprio do avesso do humano que revela seu direito que podemos ter. Não li o poema assim que acordei, pois o vi sobre o criado bem mais tarde. Na verdade, o fato de estar domindo nu foi uma forma meio vadia de provocar o Alex quando chegasse de viagem. Fora convidado para um encontro de Poesia em Belo Horizonte que reunia grandes nomes da Poesia Contemporânea e ele tinha direito à voz, o que era muito relevante para sua carreira. O nome Alexandre Campos vinha sendo conhecido cada dia mais. Ele não possui o perfil de se promover junto à mídia e nada o fazia atender a um convite se sua voz interior não lhe apontasse positivamente. Mesmo assim, depois de certa resistência, aceitou o convite, sobretudo devido a suas preocupações que ultimamente vinham rondando seu espírito, no que diz respeito a uma série de coisas que envolvem o papel do artista no mundo contemporâneo chamado por muitos pelo desgastado nome de *pós-modernismo* ou *pós-modernidade*. Como sabia que ele chegaria meio desgastado com a viagem e sobretudo coma as "modernosidades" daqueles que se acham donos do espaço da poesia e ditadores das normas rompedoras dessa poesia, resolvi propor a ele um instante sensual e lúdico como contraparte disso tudo. Mas dormi com profundidade e ele sentiu isso na sua extrema sensibilidade e me respondeu com o belo poema a seguir transcrito. Poema de circusntância, é claro, mas não deixa de ser poema.

> aí deitado em posição fetal
> congraço a vida
> ao solo que te fertiliza
> a ao arado que pode te transformar em terra revolta
> és pedaços de luz em forma de humano
> de tua alma emana febre
> e verte alegria
> meu amor não permitirá nunca
> nem Perséfone
> nem Afrodite
> de ti aproximarem.
> Durma meu Adônis. [...]

Como já disse, acredito o de mais rico que nos restou nesses dez anos foi o exercício de busca de identidade. Compreender nesse exercício que somos construtos em eterna formatação. Tudo estaria perdido se nos julgássemos prontos, e pior, realizados. Esse caráter dúbio da identidade aparece muito nos poemas de Alexandre Campos. A bem da verdade aparece de maneira metafórica e nem poderia ser diferente. A propósito foi o poeta que me mostrou um comentário sábio de um pensador inglês que diz mais ou menos assim: "se tu queres ser preciso, valha-se de uma metáfora." É com esse olhar que deve ser lido o poema que se segue:

IDENTIDADE

Minha identidade se traveste
Entre ramagens obscuras e fibrosas
Reveste-se e negaceia como serpentes no Verão
Farejando presas sem ciciar entre arbustos.
Por mais que ela busque o campo claro
Por mais que ela crê delinear as formas,
Minha identidade se disforma
Para inventar secretos e obliterar passagens.
Por isso ela se inventa na metáfora
Ao conformar-se como inexata e singular
Composta de sucatas e de vozes
Minha identidade é um pouco atroz

Precisa ao ser imagem,
Imprecisa ao ser real,
A minha identidade é um vagar com os olhos mornos,
Rotundos e sensuais pelas paragens das avenidas,
Idas pelo desconsolo da madrugada,
No luzidio vazio das linhas de trem,
Pelos esconderijos da meia vontade,
No não saber das partes de meu composto,
É um ir por entre as ramagens
Mas um ficar estatelado entre um muro alto
E uma escultura abstrata.
Minha identidade é um não reconhecer-se
Deixando-se esfregar no desconhecido,
E nele se espelhar em face crespa.

Agônica força que arrasta nossos passos
Entre sementes de abóbora e de girassóis

Que nos deixa ali, mesmo ali, sobretudo ali,
Entre vetos e desejos ancestrais
Na infinita miséria desse vazio irrestrito
Que identifica nada do nada
Em imagens imemoriais.

Poema longo de versos longos contrariando certos ditames da contemporaneidade, ele se realiza perfeitamente pelo caminho que deveria ser realizado: deslizante nas metáforas e no serpentear de imagens para construir seu conceito poético de identidade. Existem índices nele que apontam para a condição desconstruída do sujeito dentro da condição moderna do sujeito. A posição de Alex foi sempre muito centrada na realidade de sua criação realizada do modo como o sujeito lírico percebe ter de realizar. Apesar de estar "antenado" com os maiores representantes de seu tempo, não permite que as influências o carreguem para onde sua consciência não dita. Quero deixar aqui alguns poemas, uma espécie de pequena antologia para que o leitor conheça o estilo de Alexandre Campos. O seu espaço de linguagem repousa na mais coerente forma de compor e suas imagens criam muitas vezes uma esfera mágica de dizer coisas não lineares que nos atingem de maneira poderosa. O extrato de que são feitos os poemas de Alexandre Campos se constitui de um ser biográfico humano, com suas idiossincrasias, de medos e de toda sorte de fragilidade existencial que a pessoa histórica Alex se constitui, mas a linguagem poética se isenta e maior se constrói. Então seguem alguns poemas que elegem o tema da identidade e da invenção poética:

Idêntico

Idêntico.
Na mesma forma e na mesma sintonia
De inventar-se assim por dentro e fora
No delineio do mesmo afugentar-se
Que revele a textura dessa elegia

Dislexia sem voz e sem fisionomia
Requer da fotografia uma outra moldura
Obscura, do desenho esfumaçado do mim mesmo,
Espaçado, o tom maior no meneio quase crepuscular,
quase a mesma quarta-minguante de outono,
Entre folhas iguais, amarelas, ou quase iguais,
— desamarelas —
Recomeço, em manchas de marrom
— desapontadas — em tom menor
Olhando para o azul contínuo do céu
Em finas fitas de fios que se entrelaçam nos olhos
Os mesmos olhos que fitam a toda a prova
Que se renova idêntica no puro azul da lua nova.

2.

Idêntico.
No dessemelhante dessas formas
Nos destituímos daquele vislumbrar de tuas linhas,
Que retinhas na retina, um não sei quê de decomposto
Buscamo-nos com as mãos tocar nossa igualdade
Mas o recuo se deu na hora exata
Em que a lua alterou o seu composto
Entre nuvens que cortavam essa linguagem,
Sacrilégio retórico dos côncavos desvãos
E assim a cada tentativa de um toque ao mesmo
Outro toque maior nos fere a distância maior que nos separa.
Idêntico. No semelhante desses mistérios
Eu é que vasculhei entre signos recompostos
O que não conseguimos iluminar nas trilhas de nossa identidade
Não seria com as mãos que alcançaríamos o ponto exato

| O CADARÇO VERMELHO |

Pois é a linguagem que recria o gesto
E é na linguagem que me instigo incerto.

não é assim.
a única certeza que tenho é essa: não é assim
anima o contraste em forma oracular
e pronto: desfoca tudo.
sem torneio do ângulo esquerdo,
e sem os delineios do ponto fixo.
cravo o retalho
e recolho nexos
sem postura factual.
para perder-se ainda mais:
inexatidão dos traços
como uma natureza morta
sem frutas furtivas nas delimitações do imponderável.
o esboço do rosto, o inacabado.
a ranhura da orelha - transfigurada,
(daí correta).
mas o rosto.
otsor. sol. o composto sombreado da luz.
para trás a sombra
e o rosto em direção da luz.
reluzente cegueira que oculta o rosto
e as feições do vir-a-ser. torso do inacabado.
rotos pontos de compleição.
toco meu rosto: sou outro.

o que me leva a erigir uma forma assim tão rota
é unir vidrilhos e cacos de ladrilhos e fibras de amianto
salpicados de cal viva

e outros tantos fragmentos de resíduos
que me fazem dispor a um composto
em que o ressentimento se fabrica
mesmo que na raiz exista a pedra bruta

e resista ao fogo e ao pressentimento
essa compulsão aos pedaços de signos,
colando-os aos poucos,
amalgamando-os com o fino bisturi dos cirurgiões,
incluindo excremento, pós e sofrimento,
e terra e fiapos de algodão molhado,
e unhas, muitas unhas muitas unhas
nessa construção do indefinível,
demovido pelo medo de voltar
a essa forma longa e delinqüente,
que se apodera do tempo e da vontade

é isso tudo que me faz perfurar a terra
e fazer surgir diante do poente,
um signo complexo, com feições de esfinge,
que olha para o sol e fica mudo.

tenro autorretrato com bacon frito

(titulo de uma pintura de salvador dali)

estacas que amparam meus sentidos
nessa inesgotável carência de tocar com os olhos
de beber com as mãos descarnadas de arranhar com o queixo
ensangüentado cuspindo
olho por olho como azeitonas pretas
como "besouro de ônix" como jabuticabas sem caroço
estacas sobre as quais eu me apóio

ou apóio o meu crânio e o corpo inteiro
pela indefinição do conteúdo
ao esculpir-me resta muito pouco
dessa cratera vazia, desse esqueleto frio
com olhos vazios ou sem os vazios dos olhos
ser o que sou é ser a boca oca e a fome grande
tendo, ao alcance do nada,
bacon frito com torradas aquecidas.

pela identidade me desfaço
e nela reconheço meus pedaços
em cascas sobre cascas espalhadas
ou, em folhas recolhidas
em forma de repolho
olho pelas frestas e me vasculho
enveredo às vezes por atalhos
risco-me das ramas e dos espinhos falsos
e atravesso os trechos mais tortuosos
com a esperança da clareira em noite alta
depois de desfolhar a folhas
e pisar sobre as cascas que se soltam
fico olhando para tentar ver o que me resta
do simulacro de mim
dessa sensação de pulsar
em alguma instância do si-mesmo
algo de mim. Mas o estar-aqui estando ali
finca estaca. E eu fico assim. Quase absoluto.

na tua presença me dissolvo. converto-me.
algo em mim, pluriforme, se aquieta.
e se volve todo, se deforma

assim no risco de cortar a própria língua
se enforma da matéria ali disposta
para estrangular o cérebro
e morrer à míngua em plena luz.

em plena luz, a turva ausência.
do que pensei ser eu
resta tua imagem deformada
e nela embriago-me.
em demência passageira
curvo-me a uma ignóbil forma
dissolvida, corroída,
movente.

em cegueira me extravio
das sensações dessa miragem.

quem será esta silhueta que diz e contradiz
numa espécie de farfalhar entre arbustos?
quem será esse vozerio que implode,
eclode e aliena num mormaço de previsões da alma?

na tua ausência resta o frêmito eco de meu silêncio
silêncio sem voz, que erra em deserto sem areia na infinita solidão.
no alhear-me infindo desse vão pressentimento
ao qual não é possível retratar-me.

 Quando retomo à leitura de poemas do Alex volta em mim a perdição do caminho que vinha trilhando para a compreensão de nossa separação. Muitas vezes penso que o grande erro na minha vida foi ter encontrado uma pessoa da magnitude de Alex. Se eu tivesse encontrado uma pessoa comum como mas com virtudes pessoais bem elevadas creio que não estaria acontecendo essa dificuldade de desapego entre nós. Digo isso porque basta que se leia com atenção esta narrativa para que se perceba quantas e quantas vezes afirmei sobre a ascendência da pessoa do Alex sobre a minha. Desde o início de nossa relação eu disse ter notado isso e que eu gostava disso. Cheguei a justificar para mim mesmo que seria uma questão de idade. Mas dez anos não consiste numa diferença tão grande assim. Quantas e quantas vezes — e já comentei esse fato nesta narrativa e outras vezes comentarei — aludo ao fato de estar num canto da sala, na minha poltrona, observando o Alex enquanto escreve. Aqui vou deixar uma pergunta para mim mesmo que deve ser respondida até o final desta narrativa. De quem está mais difícil de desapegar: do homem ou do poeta? Não sei como descobrir, mas sei que não posso continuar assim. Pode parecer um dramalhão passional, mas não é. O retrato que tenho a oferecer é o seguinte: a minha vida se apagou e não posso continuar assim. Faz 40 dias que tomei a trêmula decisão de me separar do Alex e cada dia que passa mais me deixa a dúvida se fiz a coisa corretamente. O tom da carta que ele me escreveu confere a dimensão do seu sentimento em relação à minha atitude. Devo confessar e repetir para mim mesmo o quanto estou sofrendo. O pior é que agora não sei mais porque sinto tanto essa falta dele. Me questiono diuturnamente se o que ainda sinto por ele é o amor que senti durante todo o período em que fomos felizes. O que sinto nesses tempos de sua ausência é certo sentimento impuro que não sei definir. Um entrecruzar de sensações me invadem levando-me em alguns momentos à náusea. Passo os dias como se nada sentisse, sem que tenha fome, sem ver sentido em coisas de que gostava, Chega a hora do banho e fico horas sentado no canto do sofá sem que assuma um ato decisivo com meu corpo, sem vontade de escolher uma roupa, sem alimentar o mínimo de meu amor-próprio. O que sinto é uma ausência completa do querer fazer como se a estagnação fosse a única forma de eu me injuriar diante da situação. Todavia, nessa fase de tédio e de desconsolo, em que a ausência do ser amado tem seu registro confirmado, eu acabava tendo uma estranha esperança de que o Alex apareceria a qualquer momento. O pouco que ainda restava de vida em mim estava na sua imagem que aparecia e desaparecia a todo o instante. Ficou muito complicado tomar minhas refeições sozinho sem a mínima possibilidade de o Alexandre poder chegar a qualquer momento. A gente criou uma espécie de uníssono indivisível e não ensaimos formas de viver separados. Por isso, naquele período de sensação de ausência, o simulacro da presentificação era tão marcante. Eu gostava de fazer coisas para ele, sem que devesse me retribuir. Não tínhamos esse sentimento de troca de favores ou de obrigações um com o outro. O que se fazia era um natural gesto de amor e de afeição. Algumas coisas que ocorriam eram mais doídas que outras. Exemplo disso era quando por acaso alguma coisa de Alex aparecia à minha frente, por ter trazido comigo por descuido. Eu organizava minha gaveta de pijamas quando o short azul de seda surgiu entre as peças. Era a peça do pijama de que ele mais gostava e que fui eu que lhe dei no seu aniversário. Fiquei com o short entre as mãos sem saber o que fazer, imaginando-o com vontade de usá-lo. Assim, todos os caminhos me conduziam ao Alex, noite e dia, dia e noite, sem que tivesse um momento de paz.

Aos poucos, a agonia da ausência foi diminuindo e o mundo foi ficando mais seco. Passei a tomar banho na hora certa e a me alimentar pouco, mas no horário de costume. Tratei de aprender a pingar o colírio nos olhos e comprei uma bucha com um cabo bem grande para esfregar minhas costas no banho. Decidi doar os vasos com plantas que vinha cultivando, pois esses procedimentos não correspondiam às minhas vontades, mas às vontades dele. Iniciei um processo de autoreconhecimento de minha pessoa, na redescoberta de minha própria identidade. Não sei se se trata de minha própria identidade, ou não sei se minha identidade total tenha um dia aflorado.

Eu não me lembro quando se iniaram as crises de ciúme entre nós. Sobretudo por se tratar da memóira sensível, de base emocional. A lembrança nesses casos atua como uma espécie de apoio factual que serve de ancoradouro objetivo dos fatos. O que ficam são profusões sensíveis da memória que não se articulam de maneira linear no tempo. Além disso, tais sensações aparecem em forma de flashes, de tomadas que nos reportam a imagens disformes da realidade. Recuperar essas imagens de maneira clara, precisa, é impossível. Interessante que se torna um pouco mais desamarrado no tempo o momento de vivência mais feliz. Esse momento parece vir integrado a uma situação da qual o sujeito se lembra com mais clareza e, quando tende a se esquecer, o parceiro da vivência pode ajudar a recuperar a cena em que tudo se deu. Já na situação anterior, ao contrário, ninguém quer lembrar da cena, pois seria remoer a situação, ruminar o que não foi agradável, o que pode trazer à baila novos dados que possam piorar aquele estado de vivência infeliz. O que se fragiliza no indivíduo em estado de ciúme é a confiança que se tinha do outro. A partir do momento que isso começa a ocorrer, a dor de que se nutre o enciumado é indescritível e instransferível e esse indivíduo se sente dotado da maior dor do mundo, dor esta que jamais alguém sentiu, podendo o outro ter sentido algo similar, mas não com a intensidade com ele sentiu. Jamais alguém externo a esse fenômeno deve ousar interferir nesse sentimento tensivo. Jamais esse alguém pode opinar, tentando atenuar aquele sentimento vivido e sentido pelos dois atores do processo. O perfil de Alex lhe dava pontos em relação a esse tipo de situação. Seu modo de ser e de se manifestar socialmente levaria qualquer pessoa a confiar na sua integridade psicológica e moral, conferindo-lhe a aparência de alguém que jamais trairia, que jamais faria algo meio escuso para seu companheiro. O ciúme tem uma face muito peculiar: ele se parece com a sensação de lacre violado em que as marcas ficaram mas o malfeitor fugiu sem deixar vestígios. Ele possui garras poderosas. Ele penetra no mais íntimo das entranhas e deixa sequelas que não se recuperam. As causas do ciúme são variadas e creio que nem mesmo os mais preciosos tratados de psicologia podem dar conta de tal sentimento. No nosso caso, eu tinha aparentemente mais ciúme do Alex do que ele de mim. Suas viagens, suas relações com pessoas interessantes nas quais se tornavam impossíveis para mim interferir, participar, todo esse universo do poeta que o afastava de mim, foi tomando uma feição, com o tempo, de certa dúvida, de certo medo de perdê-lo. Ao menos na aparência isso parecia verdadeiro. A minha forma mais extrovertida de ser e de manifestar os meus sentimentos fazia com que o meu ciúme aparecesse mais, até mesmo diante da amigos e nas situações mais variadas. Diante de meus ataques de ciúme, raramente ele se manifestava, raramente ele entrava nos meus achaques, o que me deixava ainda mais intrigado. Depois que passamos a ter ciúme parece que vai se dando uma intensificação desse sentimento negativo que cessa nunca mais. E parece que os motivos vão se tornando cada vez mais irrisórios. O objeto do ciúme vai se acostumando com as manifestações e crises do outro e paulatinamente aquilo que era nobre – o amor – vai se desgastando, vai se esgarçando sem que os amantes se deem conta disso até que ocorra algo mais determinante. O interessante é que sempre que se retoma num breve invervalo o estado sóbrio (com ciúme é como se tivesse em estado de embriaguês) o ente amoroso acredita que nunca mais voltará a ter crises de ciúme e se sente arrependido da crise anterior, pelas ofensas ao amado e pelas ameaças que o ciúme causa. Mas a seguir algumas nuvens voltam a dominar a alma obsecada e as coisas retomam ao estado inicial como bolhas assassinas que, extraídas de um lugar, surgem em outros com força redobrada. Fatalmente o sentimento de ciúme tira o indivíduo do prumo e o conduz a atitudes de descontrole. A maior perda nesse processo de ciúme é o respeito que um parceiro deixa de ter pelo outro.

Naquele domingo de agosto, que era o primeiro que passamos juntos na nossa casa, não havia nenuma crise de ciúme, assim como, sem ciúmes, muitos outros domingos vieram. A sensação que se instaurou na minha memória é muto parecida com a linguagem do sonho, que ao ser narrativada se esvai e deixa de ser o que captamos oniricamente. Tudo era visto por nós com o peso dos metais nobres, porque foi tudo muito difícil de se conseguir. Ao mesmo tempo, as etapas de dificuldade também foram sempre recuperadas pela memória como coisas boas porque geraram a nossa felicidade. Porém, citando aqui um conto da magnífica

Katherine Mansfield, *Bliss*, escritora nascida na Nova Zelândia, mas que viveu seus poucos 30 anos em outros países como Inglaterra e Alemanha. O conto *Bliss* trata do estágio da profunda alegria em que transcendemos o estágio da felicidde e atingimos a instância do êxtase quando nosso espírito atinge um grau de excitação extrema. Alguns dos *agoras* que Alex e eu vivenciamos, experienciamos. Alguns desses estados de êxtase se davam no ritual dos almoços de domingo quando tudo favorecia para que cumpríssemos devidamente descontraídos. O primeiro passo para atingirmos a atmosfera desejada por ambos era estarmos a sós. Naquele tempo a gente era autosuficiente e a presença de outra pessoa não nos deixava tão naturais. E um percebia quando o outro estava representando na frente de estranhos e não gostava.

    Naquele primeiro domingo, como se fosse o primeiro depois da Quaresma, mesmo tendo dormido mais tarde, acordamos bem cedo para o domingo. A ausência de cortina no apartamento permitia a entrada da luz e nosso ânimo para o domingo ajudava. Alex dormia um pouco mais que eu. Então, aproveitei aquela meia horinha para ir até a confeitaria para comprar pão fresco, cuca que ele adora e que só Curitiba sabe fazer tão bem, manteiga com sal, qualhada, suco de laranja, peito de peru fatiado e outras coisinhas que pudessem satisfazer nossas vontades. Naquele dia eu estava em estado de êxtase como dissera. Como a confeitaria ficava a 200 metros de casa, a distância era perfeita para, no fim do outono, caminhar pelas pacatas ruas dos bairros; nas transversais das grandes avenidas. Os moradores que nos chamam de vizinhos ficam varrendo um pouco das milhares de folhas amareladas em tons de marrom de vários matizes que não cessam de cair. Como muitos jardins dão para a rua, ou elas estão para fora do portão, ao nos verem nos cumprimentam e comentam sobre o dia e sobre os efeitos das estações sob nosso dia. No estado em que me encontrava expargia minhas sensações ao mundo. Assoviava baixinho algum trecho de minha preferência que ia de Aida, de Joseph Verdi, à Garota de Ipanema, de Jabim. Essa falta de critério é bem própria desse estado de euforia contida, euforia implosiva que nos tira do estado de reflexão e nos coduz a uma forma de mumificação febril da consciência. Enquanto eu ia assim pela calçada, meus passos adquiriam certo ritmo inconequente que não respeitava o movimento convencional das passadas por uma calçada urbana. Saboreava movimentos diferentes, não diria de dança, mas de um certo ritmo de um valseamento distentido. Sem que me desse conta, ao encontrar montinhos de folhas secar, passava sobre eles para sentir a maciez e, logo a seguir, chutava um outra pequena elevação espalhado as folhas que se misturava às folhas secas da calçada. O que me movia era saber, era estar munido de uma memória emocional. Saber que lá em casa estava aquele ser que conheci na Igreja Nossa Senhora do Rosário em Mariana, que meu corpo reconheceu como seu e que minha alma à alma dele se ligou. Que ambos vencemos as amarras que nos prendiam a ferro e fogo praticamente nos dando sentença de morte simbólica sem justiça nem perdão. O olho de meu pai voltava fixo na minha memória e eu me safava livre e renascido, e agora chutava folhinhas pelas ruas de Curitiba indo comprar pão e biscoitos para meu amor. Assim, não dei por mim quando cheguei à confeitaria, comprei tudo de que precisávamos e ainda mais coisinhas e já estava de volta com o mesmo estado de euforia me dominando ao ponto de um vizinho me perguntar: está feliz, vizinho? Ao que eu repondi: o dia está muito bonito! E ele sorriu. O céu mais uma vez se apresentava azul, sem nenhuma nuvem, como se fosse a expressão mais genuína do azul. As gamas de azul que o céu oferece parecem denunciar exatamente o que vai na nossa alma. Na tarde em que recebi a carta de Alex que me conduziu a essa narrativa, o céu também era azul, mas firmava uma tristeza inigualável. O azul de hoje entra em sintonia com esse meu estado de completa alegria. Como Mary, a personagem narradora de *Bliss* também resolvi comprar algumas frutas que compusessem com a decoração de nossa mesa alguma ordem de cores, alguma relação entre formas que conseguisse plasmar algo de singular naquele pequeno espaço.

Antes de entrar em casa, senti o cheiro de café que vinha do nosso apartamento e o som de uma canção belíssima de *madri deus*. Com as mãos cheias de coisas, empurrei a porta que deixara destrancada e entrei. Alex estava na cozinha preparando a mesa do café, enquanto o café estava sendo passado. Eu sempre o achava bonito. Em cada forma que se apresentava parecia compor um novo desenho. Ali, no canto da cozinha, sua beleza era composta com uma cueca samba-canção estampada, dando destaque ao vermelho e azul na estampa que servia também de short para dormir. O rosto moreno estava meio rosado e com marcas ainda do sono que tivera. Cabelo espesso caído em desalinho e aquela expressão do olhar meio puxado e meio baço lhe conferia o estilo que pudesse lhe faltar. Comia uma banana de pé com as pernas cruzadas, esperando o café acabar de passar. Usava uma botinha vermelha. A cena era plástica e me veio um título para o quadro: *rapaz comendo banana com botinha vermelha*. Quando entrei, ele se espantou com a quantidade de coisas que havia comprado. Correu ao meu encontro para ajudar a carregar as coisas, colocando-as sobre a pia. Não lhe entreguei as frutas, pois queria fazer o arranjo e colocar na bandeja de prata que roubei de minha mãe, imitando a do conto *Bliss* arrumada por Mary. Juntos fomos organizando a mesa e nesse sentido tinha valido nossas mães com suas neuroses caseiras. Ambos aprendemos a fazer direitinho, embora eu creio que sabia melhor lidar com coisas do lar do que ele. Alex recebeu sempre da mãe as coisas prontas, pois ela via nele a sombra do pai. Então a sua tendência era esperar um pouco mais de mim do que eu dele. Raramente se lembrava de me levar uma xícara de café quando estava em casa, à noite trabalhando nos meus projetos gráficos. E eu jamais me esqueci de lhe levar um café ou um chá quando escrevia seus poemas. Agora ali, inaugurando o domingo que seria de tantos outros que viveríamos juntos, ambos estávamos querendo ser solidários, ambos queríamos fabricar o caminho de nossa felicidade sem que nada pudesse trincar alguma coisa. Olhei pela janela. Uma fina névoa de inverno começava a se insinuar em Curitiba. Me lembrou o sorriso de soslaio do vizinho.

Ele sabia que meu entusiasmo não iria durar. Repentinamente, de azul o céu foi ficando cinza e o dia foi ficando frio. Essa mudança da natureza não atenuou o nosso estado. Tínhamos de conviver com esta cidade por mais estranho que fosse seu temperamento. Nela não passaríamos férias. Nela trabalharíamos com coragem e tentaríamos viver como cidadãos dignos. Ambos já estávamos nos encaminhando para o trabalho. Nossa vida daria certo em Curitiba. Tomamos o café da manhã já agasalhados. O clima de Mariana se torna frio no inverno, mas não chega a atingir os graus de Curitiba. Fomos nos adaptando com o passar do tempo. Nem lavamos a louça da manhã e já corremos para a cama para nos enrolar no cobertor e em nós mesmos. A gente ria de qualquer coisa. Foi um tempo da graça e do bom humor. Foi uma espécie de iniciação amorosa. A cada gesto de um o outro captava mais um traço de sua personalidade. A gente queria aprender tudo sobre o outro, como se fosse um livro difícil que deveria ser decodificado em pouco tempo. Em certos pequenos momentos, a gente se olhava, se olhava e tentava descobrir alguma coisa que nos remetera ao outro, para essa mudança tão radical de vida. Sem resposta, um abraçava o outro e ficava assim por um bom tempo. Entre Alex e Danilo havia uma cumplicidade amorosa inigualável. E os dois sabiam disso.

    Aquele primeiro domingo ficou na história dos dois rapazes. Não por terem feito algo de muito especial, mas por estarem juntos ali, era muito especial. Da cama não queriam sair nem para tomar água, nem para ir ao banheiro. Aos poucos suas idiossincrasias iam se manifestando e eles riam muito ao perceber a fragilidade do outro. Como já era tarde, a fome chegou e tinham que pensar no almoço. No dia anterior haviam pensado em fazer o almoço e até passaram no supermecado e abasteceram a cozinha. Alex seria o *chef* e Danilo o assistente. Mas agora, com esse frio e esse cobertor e esses corpos unidos, a melhor coisa a fazer seria ligar para um *delivery* e tentar acertar uma comida.

    A carta do Alex me deixou assim. Deixou-me sem outro tipo de reação que não fosse essa de narrar, narrar alguns dos passos de nossa jornada amorosa. Parece que narrando eu exorciso as farpas de mim mesmo, pelo que não compreendi, pelos caminhos que desviei do caminho principal. O que houve, meu Deus? Em que momento tudo começou a sossobrar e não percebemos? Ou se percebemos, por que acreditamos que sobreviveríamos a tudo isso? São algumas das questões que me faço de modo torturante desde o dia em que recebi aquela carta. Me disseram que o Alex anda perambulando pelos lugares por onde frequentávamos. Que fica sozinho nas mesmas mesas que escolhíamos para nos sentar. O que foi que trincou que foi nos deixando sem saída, depois de tentar a melhor cola inglesa para colar o fragmento partido? Muitas noites, em sonho, volta a imagem do chapéu branco (que deixei no apartamento do Alex) levado pelo vento e seguindo a mesma trajetória da fita verde que surgiu não sei de onde e voava sobre a relva. E volta também a bela imagem dele correndo atrás do chapéu e conseguindo apanhá-lo... o que sinto disso tudo é um vazio muito grande que não consigo preencher com nada. O fato de sermos homossexuais nos levou a desafios humanos muito grandes que juntos conseguimos vencer nas mais variadas circunstâncias. Conhecemos nossas zonas herógenas como ninguém e nunca competimos nossas forças e nossas habilidades. Agora que nos separamos, parece que enfraquecemos e nos tornamos vítimas de nós mesmos? Dentre os meus guardados, não quis ter os livros de Alexandre Campos autografados. Quero possuí-los com leitor comum, ao perceber que os conquistei pela minha competência de leitor de textos poéticos. O que fiz questão de guardar para ler e reler, além de seus poemas sobre identidade e alguns sobre invenção dos quais aqui transcrevi alguns, guardei alguns "bilhetes líricos" como os chamo e que revelam parte essencial do homem e do artista e, mais que isso, aquele amor no qual acreditei e que duvidar dele tem me levado à loucura. Seguem três de vários que ele me escreveu, mas não me enviou. Encontrei-os entre seus papéis avulsos:

"Nessas notas transgrido a minha consciência mas revelo minhas vontades, desfacelando as camdas de escamas que pensam proteger

minha pele e minha alma das exterioridades deste mundo. Como poeta, não consigo negaciar as fontes de meus desejos nem desvelar minha inocência. Se tento maltratar as fontes de meu querer eu me martirizo. Danilo, você aparece nos meus sonhos como um espctro de minha ponte para a realidade. Esse sol que te conduz ofusca minhas sombras em certos momentos mas me conduz para a claridade da vertingem dos sentido. Amo você. Alex.''

Danilo: ontem à tarde passei pela Rua XV de Novembro e fiquei olhando para tudo e para todos. Sei que ao escolhermos Curitiba não fomos originais. Nós que somos tão exigentes com essas coisas, acabamos nos tornando clichês na escolha da cidade para morar e amar. O que fazer? Jamais poderia ser outra cidade do sul e nem do nordeste. Brigaríamos o tempo todo morando em Fortaleza. Odeio azeite de dendê e cuentro mas você gosta. Outra candidata seria Gramado. Impossível. Os trejeitos de cineastas me deixam com náusea. Além de que nos sentiríamos obrigados a ir a festivais de cinema nacional e ficarmos super ligados nos novos lançamentos. Pense bem, meu amor: melhor assumir o clichê dessa cidade muitas vezes esquisita. Voltarei a consideração sobre Curitiba. Alex.

Caro Danilo. Desculpe-me por voltar nessas anotaçõe e me dirigir a você. Moramos juntos, dormimos juntos, nos vemos todos os dias, mas sinto vontade de ter com você na minha escrita. O ato de escrever é o meu credo e nada é mais relevante para mim. A impressão que tenho é que o que se transfoma em signo se torna sagrado. Mesmo que não seja o poema que representa o essencial da linguagem. Houve um processo alquímico entre nós dois e o resultado é algo indivisível. Entende Danilo? Escrevo esse bilhete semi-lírico para dizer que é impossível me esquecer de você em algum momento do dia. Mas ultimamente, sinto que tem se esquecido de mim. O que o tem envolvido tanto para levá-lo a se demorar um pouco mais depois da saída do trabalho? Desculpe-me por revelar as minhas sensações. Não quero ser chato com você. Beijos do Alex.

Os anos que se seguiram em Curitiba foram marcados por essas instâncias de felicidade atingindo em alguns momentos a dimensão do êxtase. Nosso movimento de vida era estável, mas o ritmo de nossos dias conferiam o desenho e nisso estava a diferença.

O poeta e pensador Alexandre Campos evoluía a olhos vistos, sendo solicitado cada vez mais para eventos, palestras, festival de poesia e tudo o que dizia respeito à vida cultural, não apenas de Curitiba como de outros centros culturais brasileiros, principalmente no eixo Rio-São Paulo, Porto Alegre e Salvador. Para corresponder às solicitações, ele se mantinha por horas, quase sempre na sua mesa de trabalho, quando não saía para cumprir algum compromisso aqui mesmo em Curiba, ou viajando para outras cidades. Algumas vezes ficava pouco tempo fora, apenas o tempo de realizar sua fala ou de atender à alguma demanda do editor; outras vezes ficava mais tempo longe de casa, principalmente quando lhe propunham que desse um mini-curso ou alguma atividade que exigisse mais tempo. Apesar de ser mestre em Literatura, Alex não quis prosseguir na carreirra acadêmica e não quis assumir a profissão formal de professor. Preferia conduzir sua vida de intelectual e poeta da maneira como vinha conduzindo. E deu certo assim. Nossos caminhos, mesmo que integrados, eram diferentes. O mundo das artes estava muito perto de mim, mas de maneira tangencial. Fui trabalhar com artes gráficas, porque na verdade gostaria de ser um artista de verdade. Gostaria de ser pintor. Tenho muito gosto pela pintura. Vivo olhando ou namorando os livros de história da arte. Tenho paixão, em especial, pelos holandeses, dentre eles Ver Meer, Rimbrandt e Pieter de Hooch entre os clássicos e Van Gogh e Mondrian entre os modernos. Mas meu gosto pela pintura e pela genialidade de alguns pintores vai muito além da enumeração de alguns nomes. Como não fiz uma curso universitário sistematizado, acabei me tornando um diletante aficcionado. Sou bem resolvido em relação a isso e não culpo ninguém por ter nascido com os dotes pela metade. Parece que sou metade em tudo que diz respeito à arte, incluindo aqui literatura e música. Apesar de nunca ter falado nada para mim, sobre minhas limitações, sinto que Alex tem completa ciência sobre elas. Apesar de seus livros ficarem à minha inteira disposição, é muito sutil a forma como ele os apresenta a mim. Sempre que um novo livro é lançado, o seu primeiro gesto sempre foi de me oferecê-lo com uma dedicatória muito afetiva. E devolvo o afeto com um beijo delicado. Depois desse momento, não se fala mais no assunto, ou no conteúdo dos poemas do livro. Entretanto, os poemas que elege para que eu leia são de outra natureza. Trata-se de poemas circunstanciais, retratos e autoretratos, textos poéticos referenciais. Ele sabe que lerei e que entederei as suas invenções da linguagem. A nossa sintonia é de outra ordem. Se não compreedo seus poemas mais complexos, aprendi a compreender a sintaxe de seu corpo e o delineio de sua alma. Para mim, o corpo de Alex parece um mapa poético que freme de desejos a cada momento em que o visito. Digo no presente, porque ao pensar nele o presentifico e o celebro. Os sentidos mais recônditos dos versos de sua poesia creio se tornarem figuras nos seus movimentos gestuais nos meus braços, nas minhas mãos e na minha boca. O que mais preciso de querer? Quando tínhamos um feriado no outro dia, a pesquisa do mapa durava a noite toda. Eram etapas para perseguir caminhos mais longínquos que demandava tempo e perícia bem halilidosa. E isso um aprendeu com o outro e continuávamos aprendendo a cada peregrinação pelo corpo do outro. Extenuados e felizes dormíamos infinitamente, sem pesadelos, nem presságios. A manhã chegava sempre linda e delicada, porque nosso espírito não permitia o contrário. Dividíamos harmoniosamente nosso trabalho caseiro e o café era organizado com prazer. Depois do café, quando Alex estava com muita paciência, permitia que eu tentasse tocar violão e que cantasse alguma coisa, sempre dentro do mesmo repertório: Cazuza, Renato Russo, Nando Reis ou algo similar a isso. Quando a alegria dele atingia as raias da euforia, ousava me acompanhar na cantoria, mas daí a paciência tinha de ser minha, pois ele era muito desafinado. Na verdade, creio que, mesmo sem combinar, elegíamos sempre algumas músicas como oração ou como hino de nossa forma de ser e de viver. Então era importante que com nossa desafinação e tudo, tinha de sair de nossa própria voz determinados versos de Cazuza ou de Renato Russo.

    Amor da minha vida
    Daqui até a eternidade

Nossos destinos foram traçados
Na maternidade

Paixão cruel, desenfreada
Te trago mil rosas roubadas
Pra desculpar minhas mentiras
Minhas mancadas

Exagerado
Jogado aos teus pés
Eu sou mesmo exagerado
Adoro um amor inventado

Eu nunca mais vou respirar
Se você não me notar
Eu posso até morrer de fome
Se você não me amar

Por você eu largo tudo
Vou mendigar, roubar, matar
Até nas coisas mais banais
Pra mim é tudo ou nunca mais

Exagerado
Jogado aos teus pés
Eu sou mesmo exagerado
Adoro um amor inventado

Que por você eu largo tudo
Carreira, dinheiro, canudo
Até nas coisas mais banais
Pra mim é tudo ou nunca mais.

Lendo essa letra de *Exagerado* parece que estou vendo a fotografia de nosso amor durante os primeiros anos que vivemos juntos. Além de tudo que sentimos um pelo outro, que por mais que se diga as palavras ficam aquém do verdadeiro sentimento, nós sofremos juntos por amar, por termos nos descoberto, apenas por isso. Apenas por isso ou por mais: por termos tido a *coragem de ser* tema central de um livro de James Baldwin. Quanto a mim, repito a relevância de cada signo que a outro se engata nesta narrativa em que, diferente da poesia, a matéria do mundo é indispensável como corpo do ato criativo, porque narrar implica recuperar o vivido passar com as palavras o traço grosso do pincel, ou desenhar com *crayon* o cerne do grão mais espesso do que queríamos esquecer. Tornar imemorial. Por isso, por mais que doesse ou exatamente por isso, quase não falávamos de Mariana, nossa cidade natal, onde recebemos toda a carga afetiva de nossas vidas, de nossos pais e amigos. Os laços de sangue são os laços de sangue. Esta é a verdade. Por mais que tentemos nos desvencilhar de nossa família, numa fração de tempo, num pequeno deslize, vemo-nos completamente traídos na nossa resolução. Alex e eu tivemos que nossa vida terrivelmente violada, primeiro por nossas família e depois pela sociedade.

Era julho quando nos conhecemos na Igreja de Nossa Senhora do Rosário e que tivemos a vivificação do Anjo similar àquela que tivera Santa Tereza de Àvila esculpida por Bernini. Ainda era julho quando nos encontramos na feira de arte e de artesanato, quando fui levado pelo impulso, apesar de Daisy, e marquei o encontro com Alex para o próximo domingo em Conselheiro Lafaiete; mas agosto já havia chegado e foi no início do mês dos ventos e das tempestades que vivenciamos aquele dia em que meu chapéu de panamá branco seguiu o destino da fita verde que flanava ao vento sobre a relva. Foi na escalada desses caracóis afetivos que fomos compondo o nosso desenho. Todavia, a construção de nossa malha não poderia continuar tão perfeita. Mesmo assim, por mais que houvesse obstáculos, eles seriam as dificuldades para enrijecer os nós. E assim haveria de se cumprir. Lembrei-me de uma estória que li, a mais bela que li sobre os destinos de três mulheres, que era a mesma em feições distintas que tinham por nome *Luzia*. E me lembrei que seus destinos foram traçados com a ajuda das deusas Parcas que se irmanaram à linguagem e tudo se construiu. Então, as Parcas foram evocadas e mais uma vez de pronto se apresentaram ao mundo da criação. Sempre na ordem do mito, primeiramente, apresentou-se Cloto, aquela que produz os fios dos destinos humanos. A vestimenta da deusa já revelava a relevância de sua função. Vestido bem longo bastante colorido, várias cores, tinha o domínio da roca onde fabrica os fios. Depois, apresentou-se à Láquesis, a vidente da sorte, a que prospecta a sorte e coloca o fio no fuso. As suas vestes são matizadas de rosa e recobertas de estrelas. E finalmente Átropos, a inflexível, que corta impiedosamente o fio que mede a vida de cada mortal. Apresentou-se como a mais idosa das Parcas, com vestidos negros e lúgubres. Perto dela, em suas representações mais comuns, há muitos novelos de fios, mais ou menos cheios, conforme a extensão, longa ou breve, da vida que representam. Foi essa força que nos manteve de pé, mediante todas as intempéries. Aqui completar liricamente a interferência dos deuses nessa história tão especial de amor.

    Penetrar na esfera do amor é se permitir o risco de todas as formas de equívocos e de perigos. Primeiramente, a referida esfera pode não corresponder ao sentimento anunciado e ficarmos sempre ocupando um lugar incorreto ou sentado um pouco torto numa grande cadeira. É muito comum nos defrontarmos com alguém que diz estar amando ou que está apaixonado, mas, ao olharmos para seus olhos, eles não nos convencem de estarem tomados pela poção do famigerado sentimento. Desde que o homem existe esse sentimento indescritível o persegue como forma de atingir o topo da sua condição de humano. Ser capaz de amar é ser capaz de ser homem na sua essência. Por isso todos os seres têm vontade de poderem dizer "estou amando" como sinônimo de poder dizer "estou feliz" ou "não sou sozinho, alguém me quer" ou ainda outras coisas que são imbutidas nessa frase às vezes dita com uma facilidade espantosa. Todos os demais sentimentos podem ser descritos e até mesmo definidos, até com certa precisão. Porém com o amor isso não pode ocorrer. Quanto mais alguém quer demonstrar poder elucidar o sentimento amoroso mais ele se revela ingênuo com questionável grau de inteligência. Com frequencia absurda os seres humanos se valem dos sentimentos satélites do amor para dizer que ama. Muitas vezer um "querer bem" já atua como se fosse o ato de amar. Talvez o sentimento da paixão seja o mais perigoso para provocar enganos e verdadeiros engodos na vida de alguém quando entendido como amor. Como próprio radical nos mostra *pathos* está na palavra paixão, significando doença, estado de desequilíbrio emocional. A paixão consiste nesse estado desesperado da alma que deseja com toda a veemência de que o indivíduo é capaz ter a posse do outro de maneira incontestável. Estar apaixonado é estar cego para os limites, para os obstáculos, é estar cego até para si mesmo para poder tomar para si o que deseja. Muitas vezes, em estado de paixão, o indivíduo cria um mito em relação ao objeto desejo de tal sorte que o que acredita ser pode não corresponder ao verdadeiro ser, à realidade do objeto desejado. Nisso talvez resida o mais nocivo, o maior equívoco no sentimento da paixão. Uma vez que a paixão é passageira, quando ela esmorece e tudo tende à normlidade, os olhos físicos e os da percepção desmitificam as fantasias da paixão e o resultado pode ser catastrófico. Por isso acreditam que as pessoas apaixonadas deveriam ser enjauladas ou afastadas de alguma coisa do objeto do desejo até adquirirem o estado da normalidade. Se isso não fosse possível ao menos que fosse proibida às pessoas apaixonadas que ficassem soltas por aí ou que assumissem votos uradouros, por exemplo, o casamento. Não sei dizer o que foi o sentimento que nos dominou nos nossos primeiros e fatais encontros em Maiana. Houve uma comunhão isso eu e Alex sabemos e defenderíamos até a morte. Houve desespero? Da minha parte sim. Mesclaram-se em mim sensações obscuras e frenéticas como jamais sentira. Um misto de ansiedade e prazer com pontadas de medo e de sofreguidão. Essa profusão de sensações manifestadas sincreticamente são muito raras na vida e feliz daquela que as viveram. Com desenhos distintos, ambos tivemos essa experiência concomitantemente naquele período de nossas vidas. Com cautela poderia dizer que nosso sentimento foi diferenciado desde o início. Fizemos algumas coisas do âmbito da paixão, tanto é que nem pensamentos nas consequências escandalosas com o meio em que vivíamos. Porém, com a dose necessária de paixão (não sei se posso dizer assim) vieram os ingredientes fundamentais do amor, gerando em nós, desde cedo, resultados que apenas o amor proporciona. Eu resumiria, sem o mínimo romantismo, em duas palavras que atuaram como alicerces rijos para a manter a natureza e força do que ouso chamar de amor: a confiança e a entrega. Alex sempre riu de mim no quisito bom gosto. A sua austeridade e discrição o levavam a ter esse juízo de mim. Por isso penso nele quando sinto que vou emitir um frase ou uma expressão suspeita. Principalmente quando o tema é o amor. Como ele não está por perto lá vai a frase. Trata-se de uma definição de amor: "Amar é querer o bem do outro." Se deixarmos o preconceito de lado e ficarmos olhando para essa frase, percebemos que ela traz um dos sentidos mais corretos para a compreensão do amor. Note-se que a frase é intransitiva. Ela não aponta para um processo de reciprocidade. Se se deseja o bem do outro sem esperar algo em troca parece que, nesse ato, manifesta-se o amor. Agora, o processo acaba sendo dialético. O que marcava nosso "bem quererer" era a ato reflexivo que se tornava recíproco. Um vivia pensando em apoiar o outro em adivinhar o que o outro queria. Abnegação e paciência também eram valores que preservávamos o tempo todo. Mas o que mais iluminou os nossos atos foi a espontaneidade e a naturalidade que dominou a maioria de nossas atitudes de um para o outro. Um dia Alex me puxou pelo pescoço me abraçando e me levando para perto dele e da sua mesa de trabalho e pediu que eu ouvisse um trecho do livro *Grande Sertão: Veredas*, de Guimarães Rosa. Beijou meu rosto e me segredou — "ele resume a gente, ouça". Então Alex leu para mim uma das passagens mais belas que já ouvi sobre o amor mas denominada por Riobaldo, o protagonista narrador do romance, de "amizade de amor". Ao menos um pequeno trecho do longo que ele me leu, transcreverei nesta narrativa. Eis:

"Amigo? Aí foi isso que eu entendi? Ah, não; amigo, para mim, é diferente. Não é um ajuste de um dar serviço ao outro, e receber, e saírem por este mundo, barganhando ajudas, ainda que sendo com o fazer a injustiça aos demais.. Amigo para mim, é só isto: é a pessoa com quem a gente gosta de conversar, do igual o igual, desarmado. O de que um tira prazer de estar próximo. Só isto, quase; e os todos sacrifícios. Ou – amigo – é que a gente seja, mas sem precisar de saber e por quê é que é. [...]. Digo ao senhor: nem em Diadorim mesmo eu não firmava o pensar. Naqueles dias, então, eu não gostava dele? Em pardo. Gostava e não gostava. Sei, sei que, no meu, eu gostava, permanente. Mas a natureza da gente é muito segundas-e-sábados. Tem dia e tem noite, versáveis, em amizade de amor."

 Esses nomes que hoje cito como forma de auxiliar no delineio do amor, jamais foram ditos ou pensados enquanto nos amávamos. O que levou todos os grandes poetas, todos os grandes romancistas a se debruçarem sobre o tema do amor creio ser exatamente a sua intraduzibilidade literal. Os caminhos da literatura, sua forma de pensar por imagem, seus desvios e suas veredas acabam sendo a única forma de nos conduzir o mais próximo possível desse sentimento nobre da condição humana.

 Depois daquela acelerada de Alex com os olhos úmidos por deixar nossa terra natal, mas com o coração pleno por estarmos partindo em busca de nossa felicidade, seguimos de maneira tranquila no sentido de São Paulo onde fizemos uma escala noturna, passeamos um pouco, fomos jantar. Alex me mostrou um pouquinho daquela metrópole e fomos dormir. Não tínhamos pressa de chegar, apenas uma ansiedade para o que estava por vir. Na capital paulista, escolhemos um hotelzinho simples na Rua Matinho Prado, esquina com a Rua Augusta, muito próximo ao Restaurante Planetas onde jantamos. Alex escolheu esse restaurante por ter sido muito frequentado pelo público gay e que ainda restam resíduos de seres alternativos, atores de teatro e uma excelente comida. Eu estava meio deslumbrado, não sabendo direito o que olhar primeiro. Deu um pouco de vontade ficar por ali, mas, ao tempo, me deu certo medo. Votaríamos outras vezes a São Paulo e com o tempo me acostumaria. Alex ria das minhas reações até mesmo na hora de escolher o prato no cardápio. Me senti um provincianinho muito insipiente. Quase me encolhi no canto da mesa. Com a maior generosidade Alex foi me ensinando como me portar à mesa de um bom restaurante paulistano. O que era o *couvert*, como usar o guardanapo de tecido, como combinar pratos, como se relacionar com o garçon, a escolha da bebida, o uso do talher e outros pequenos detalhes. A sintaxe da civilização é bastante complexa. Dir-se-ia que havia um abismo entre a mesa de jantar da minha casa em Mariana e aquela mesa do restaurante de São Paulo. Mas tudo aquilo para, todos aqueles pequenos procedimentos que deveria aprender, passar a usar como se fosse pela primeira vez, era na verdade uma re-alfabetização dos meus hábitos e de minha visão de mundo. Se eu era insipiente para as boas maneiras, era *incipiente* na formação de minha visão de mnundo. O que tornava tudo maravilhoso era o liame que nos unia. Durante o jantar, num determinado momento, Alex tomou minha mão e a beijou. Meu gesto foi de automático retirar a mão que ele segurou mais firme. Meus olhos procuraram os olhos das pessoas de outras mesas com medo da censura por aquele gesto público. Mas percebi que ninguém nos olhava; que as pessoas estavam voltadas para as suas pessoas em outro círculo de vida. Olhei para ele e sorri. Alex havia estudado em São Paulo por um bom tempo e conhecia os atalhos noturnos dos pontos mais representativos da cidade. E como já disse, sua família era mais refinada que a minha, cheia de bons costumes ou de requintes nos traquejos sociais. Ao sairmos do restaurante, ele me propôs uma "ronda noturna"(nome de uma pintura de Rembrandt), pelo centro da cidade que ele conhecia muito bem. Creio que Alex estava curioso para me ver entrar para o mundo que iria me apresentar. Seus olhos brilhavam de alegria, mas havia também um misto de expectativa do menino que vai ver o amigo cair numa emboscada. Saímos dali e fomos descendo em direção ao centro novo. A noite estava agradável, a temperatura amena e nós, felizes. Eu estava entre curioso e assustado com o painel noturno de São Paulo. Muitos bares e muitas figuras humanas diferentes que frequentavam esses bares, as boates, aqueles leões-de-chácara nas grande portas de madeira dessas boates que nos convidavam para entrar. Era muita informação para um jovem lépido, mas semi-inocente de Mariana. Alex me inseria na vida e me inseria em mim mesmo, dava vida à minha identidade com segurança e graça, o que era mais interessante. Enquanto caminhávamos, ele me abraçava e me apertava contra seu corpo e eu fui devarinho respondendo a esses gestos de sensualidade e coragem e de ousadia. Na verdade nem era ousadia, pois aquilo era normal naquele espaço que ocupávamos. Atravessamos a Avenida da Consolação e fomos nos aproximando da Praça de República. Daí, ele me tomou pela cintura, me direcionou para a esquerda da praça, passamos o ex-Colégio Caetano de Campos e hoje Secretaria da Educação e foi seguindo e dobrando à direita e seguindo em frente e me cochichou no ouvido. **Agora vou te mostrar uma coisa!** E eu, que já tinha visto tantas coisas, que já havia sentido tantas coisas em tão pouco tempo não imaginava o que poderia vir de tão especial. Com o que havia vivenciado até ali já me sentia cosmopolita, a impressão que eu tinha era que havia muitos Danilos em mim, que de repente fiquei mais forte e anônimo podendo fazer o que eu quisesse do mundo. Seguimos um pouco mais e finalmente entramos numa rua — Dr. Vieira de Carvalho. **Chegamos!** Nos abraçamos efusivamente e e me disse: **não quero ver você olhando pra ninguém. Se fizer isso acabo como você!** E deu uma gargalhada. Nunca tinha visto o Alex daquele jeito. Ele estava completamente eufórico e desconstraído. A beleza dele brilhava, reluzia. E ele me dizia que eu estava lindo. Creio que a felicidade nos deixava mais bonitos. O painel humano que se abriu aos meus pés não parecia crível. A versatilidade dos gêneros sexuais era muito extensa e muito efusiva. A sequência de bares e a punjança de vida livre que povoava cada espaço das calçadas me deixavam inebriado. Alguns letreiros eu conhecia por cartazes da internet como o Bar Caneca de Prata, ou a boate Centauro com seu charme e seu colorido das taças de cristal e do brilho das lindas garrafas. Pedi a Alex que entrasse comigo em um daquele bares para que sentisse a atmosfera mais de perto. Ele que obviamente já ia fazer isso, de pronto escolheu uma das mais interessantes. Tratava-se de uma boate em que a maioria dos frequentadores eram parceiros compostos de um bem mais velho que o outro. São os chamados *bears*. Em São Paulo, um grupo que chama a atenção é o dos *bears* ou ursos, aqueles caras mais gordinhos e peludos. Atualmente, a cena *bear* está em alta e três festas acontecem todo mês, tendo eles e os seus admiradores, os *chasers*, como público-alvo: Ursound, Woof e Bearland. Em uma cena gay onde músculos e barriguinhas de tanque são ultra valorizados, os *bears* têm conquistado seu espaço, com um bom-humor que cresce proporcional aos seus quilinhos excedentes. Se tem algo que caracteriza a vida gay nos grandes centros urbanos é a diversidade, isto é, opções para todos os gostos. Se você é um cara "discreto" e gosta de ficar com caras que, assim como você, usam camisa gola polo e jeans, facilmente encontrará seu par na balada. Da mesma forma, um punk de cabelos verdes e piercing na língua também encontrará alguém para uma agradável noite de beijos, abraços e talvez algo mais. O mais interessante é que essa pessoa tanto pode ter o mesmo visual, como pode ser um garoto que usa discretas camisas gola polo e curte ficar com punks.

    Antes de irmos para o hotel, Alex ainda me levou até o final da Vieira de Carvalho para que eu conhecesse o Largo do Arouche a tradicional Loja das Flores, o restaurante Gato que Ri onde, segundo ele, comia feijoada aos sábados e depois ia aos cinemas onde aconteciam coisas suspeitas com os garotos desocupados. Prometeu-me no futuro quando voltássemos a São Paulo me apresentar outros pontos gays e não gays e encontrarmos novos pontos, os *bears* da rua Augusta, por exemplo, que ele também não conhecia. Voltamos a pé pela Avenida Ipiranga. Passando pela equina da Avenida São Luiz, rememorou alguns medos que viveu por ali, correndo riscos por passear fora de hora, sozinho porque lhe disseram que os homossexuais gostavam daquele lugar. Fiquei olhando e imaginando o que poderia ocorrer naquela avenida e naqueles cantos da Biblioteca Mario de Andrade. Interessante terem colocado o nome de Mario de Andrade numa biblioteca que ficava numa praça de encontros ou de flertes homossexuais. Ficou bem adequado.

    Seguimos pela Rua Martins Fontes até a Rua Mantinho Prado quando se inicia a Rua Augusta. Ali chegamos ao hotel onde nos hospedamos. Estávamos exaustos. Se o interlocutor pensa que a exaustão atenuou as brasas que reluziam em nós durante aquele passeio infernal, está enganado, pois já no elevador elas foram se tornando pequenas chispas que se irradiavam pelos ares e logo depois chamas que não se apagaram nunca mais. Tudo me leva a crer que esta é uma história de amor e que se nada mais acontecer na minha existência posso morrer dizendo a todos que amei. A noite de batismo e de mergulho no mundo gay me deixou com a mente meio atônita. Confesso. Eu estava lento para arrumar os procedimentos de viagem. Deitado no meio da cama não fazia mais nada a não ser ficar olhando para o teto do apartamento fitando um único ponto. Os tipos físicos desfilavam na minha memória como se fosse um filme. Todos os rostos e cada rosto com seus aspectos diferentes, originais, singulares alguns nas suas maquiagens, tipos distintos se esfregando, um rapaz de peirce no umbigo com um outro de estilo considerado normal de camisa polo azul e assim todos vivenciando o seu direito de ser sem que ninguém os incomodasse. Um transexual se aproximou de mim, tomou-me pelo queixo e beijou-me no rosto deixando sua marca de batom em mim. Fiquei feliz de não ter tido uma atitude de rejeição ou de repulsa. Alex também ficou. Rimos os dois e seguimos no nosso passeio. Aquela experiência mundana com Alex me fez pensar na realidade do mundo contemporâneo e da abissal distância entre aqueles valores de raízes provincianas de meus pais transmitidos ao meu irmão e estes que sustentam os novos tempos nas grandes metrópoles. De repente, tive uma visão que me fez rir. Fiquei imaginando o meu irmão Carlos sendo colocado na Rua Vieira de Carvalho, sábado à noite, sem chances de conseguir sair dela. E fiquei pensando o quão pouco ele conhecia de si mesmo. Na época eu não tinha leitura nenhuma, apenas agia pelos impulsos, pela intuição, uma inteligência suficiente para discernir certo bom senso em busca do autoconhecimento. Mesmo não tendo o grau de profundidade e de compreensão de Alex, passei a buscar o discernimento razoável sobre aquilo que valia a pena conhecer. E privilegiei minha própria natureza para poder caminhar com os olhos livres, ao menos para abrir um pouco mais os olhos. Enquanto Alex se banhava, consegui sair da minha atitude extática, levantei-me daquela cama e me dirigi até a janela do apartamento. Do nono andar podia ter uma visão panorâmica da Rua Martinho Prado, do fluxo de carros que vinha da Rua Santo Antonio e tomava direções distintos quando chegava na esquina: para a direita os carros entravam na Martins Fontes por onde caminhamos na véspera; para a esquerda os carros subiam a Augusta; em frente à direita iam rumo à Nestor Pestana, rua dos cabarés e de grandes teatros e em frente os carros subiam o minhocão em direção a vários bairros da Zona Oeste. Fiquei acompanhando o fluxo e tirando minhas conclusões de gente comum, mas que não deixavam de apontar para certa verdade filosófica. Me remetia à obra de Paul Klee, *Estrada Principal e Estradas Secundárias*. Os vários caminhos que se bifurcam e se interpenetram advindos de um caminho mais visível como se pudesse ser considerado o principal. O pintor alegoriza essa condição por meio de formas e cores quentes e frias com seus vários matizes. Olhando para o quadro entramos em dissensão em relação aos rumos que devemos tomar no mundo. Aquela esquina, como tantas das grandes cidades, fazia-me flagrar uma redução do inevitável. Tudo isso durou alguns segundos, se tanto, mas valeu para que se operassem em mim forças profundas. Ainda com meus olhos fixos na imagem dos carros, senti o já conhecido perfume de Alex que me acariciava no pescoço e colando seu corpo meio úmido ao meu. E daí volto ao verso de Bandeira: "e o espírito de Deus voltou a boiar sobre a face das águas."

Partimos para Curitiba logo depois de almoçarmos num self-service próximo ao hotel. Eram mais ou menos 14:00 e o céu de São Paulo estava plúmbeo. Foi até necessário que vestíssemos uma malha leve de meia estação. Como desceríamos para o sul, a tendência seria de esfriar conforme fôssemos nos aproximando do Paraná. A viagem transcorreu tranquila. Para mim era tudo novo. Se bem que era a primeira vez que Alex dirigia num percurso tão longo. Eu o ajudava a dirigir e o ajudava a observar a sinalização da estrada. Os 400 quilômetros entre São Paulo e Curitiba exigiam muita atenção do motorista. A nossa união era fundamental para que tudo transcorresse bem. A paisagem era bonita e nosso espírito sereno; apenas uma sombra de ansiedade nos visitava de quando em quando. Meus olhos ficaram voltados para certos trechos da paisagem que me transmitiram certa monodia, certo lirismo contido que tangenciava uma tristeza inexplicável. Esse sentimento mesclado e intermitente começou a me visitar quando nossa viagem atingiu a região de Cananeia, no Vale do Ribeira, e começávamos a deixar o Estado de São Paulo e já vislumbrávamos o Estado do Paraná. Entre curvas e pequenas retas parecia ocorrer um entrecruzar de sentimentos em nós dois de naturezas diferentes dentro de um silêncio quebrado por pequenos comentários que fazíamos da paisagem. Alex usava seus óculos escuros que lhe caíam muito bem, calças jeans, camisa branca com uma malha azul marinho. Essas cores eram as de sua preferência ou eram as feições de seus hábitos. O modo como ele dirigia parecia fluir por aquelas paragens. De repente senti certo alheamento, certo distanciamento entre nós dois e isso vinha de Alex, vinha de um envolvimento dele com algum espaço que não me comportava, uma espaço em que, por mais que eu tentasse me sentir incluído, era expelido quase automaticamente. Entretanto, para quem olhasse a nossa imagem de qualquer lado, veria tudo de forma normal, sem nenhum estranhamento aparente. Havia dois movimentos ou três: o movimento do carro pela rodovia, o movimento interior de Alex e o movimento que se passava dentro de mim que observava tudo isso. Porém, era possível dizer que se dava um descompasso entre esses três movimentos, sobretudo se se considerasse a sincronia que vinha ocorrendo entre nós dois desde que tudo começou. Certas pessoas não conseguem realizar o jogo entre o que vai fora e o que o persegue interiormente. Ou outras pessoas que não conseguem ler o que vai na alma da outra mesmo que queira enganar a si mesmo na imagem que se retrata. Alex mantinha uma velocidade 110 km/h e isso gerava uma espécie de constância rítmica e parecia favorecer o movimento que se dava no seu espírito. De repente, ele pediu para abrir o porta-luvas e pegar o porta-CDs para ele. Em outra situação ele pediria para que eu escolhesse alguma música de meu agrado para que ouvíssemos juntos. Dessa vez não. Ele percorreu rapidamente com os dedos a caixinha de CDs e escolheu um que pediu para que eu colocasse. Eram "As quatro estações", de Vivaldi, que fugia ao meu conhecimento musical. Ao começar a ouvir a música, a expressão do meu amigo se transformou. Ele vivenciava cada uma das estações manifestando em cada uma o sentimento que ela expressava. Não vi seus olhos, devido aos óculos escuros, mas vi a maçã de sua face que me levava a ver os seus olhos. Houve um momento que me senti excluído da cena que se criava. Não havia uma terceira personagem no carro, mas havia o cenário de uma peça da qual não participei. Digo "participei" porque aquele cenário parecia remeter a uma passado vivido e desencontrado que o presente dramatizado conseguia recuperar de uma forma inusitada, marcada pelo movimento do carro, pela verdejância da paisagem, pelas curvas, pela sensação dos declives que a estrada impunha e por meio de outros pequenos detalhes que conseguem recompor rudimentos de vivências mais antigas. E a "Primavera" de Vivaldi seguia alegremente pela viagem que passava a ter a intensidade de nos conduzir para bem além de um destino geográfico que deve ser alcançado. Comecei a tomar gosto pela música e me envolver com os instrumentos que davam a feição das sensações que nos visitavam naquela tarde que estava prestes a tomar outras feições, feições mais morenas para poder se despedir do dia findo. Mais que linda essa tarde se desenhava não com crayon, mas a bico de pena. Aquela viagem mais parecia um sincretismo intersemiótico do que qualquer outra coisa. Nós decidimos não ligar o ar-condicionado e abrir um pouco dos vidros do carro que nos parecia mais agradável até mesmo para curtir a claridade da tarde. Nesse alhear-se de Alex, deixando-me num recanto do incerto, tornava-se de quando em quando generoso comigo. Estendia o braço tomando a direção com apenas uma das mãos, puxava minha mão para junto da dele e ficava assim por algum tempo. Era como se sua mão me pedisse para que o trouxesse novamente para a realidade que estávamos partilhando, para a realidade que estávamos tentando construir. Não diria *tentando* durante os dias anteriores pela euforia de que fomos tomados. Mas digo agora, pelas nuvens baixas que se impuseram no espírito de Alex e que minha intuição, meus sentidos percebiam. Mesmo no primeiro concerto, "A Primavera" se percebia quase que uma ironia amarga entre os movimentos dinâmicos dos violinos e a expressão dúbia do meu parceiro. Essa minha forma de sentir não dizia respeito ao presente que estava no processo de viver mas num possível passado que poderia ter sido vivido e que voltava agora sem pedir licença pelos poros, pela visão da paisagem, pela música e por todo um captar de sensações que o tomavam sem e que por mais que tentasse negociar com todos eles, eles os sentidos o traíam e se tornavam os algozes da própria condição da memória. Como Alex nada disse a respeito do que estava sentindo, decidi nada perguntar ainda, mas porque a atmosfera que o dominava impunha certos limites a um questionamento que poderia parecer uma desalentada investigação por curiosidade. E assim, os violinos prosseguiam até atingir o quarto concerto ou a quarta "estação" de Vivaldi em que mais se acentuam os acordes desse instrumento, como se fosse um lamento que vai desenhando a alma em estado de melancolia. Tudo aparentemente perfeito dentro dos limites da visão externa. O Vale do Ribeira é uma região belíssima e era por ela que passávamos. Localizada ao sul do estado de São Paulo e ao leste do estado do Paraná. A natureza exuberante que margeia a rodovia cria em alguns momentos um estado paradisíaco sobretudo nas regiões dos grandes lagos. Na verdade o próprio nome de Vale existe em função da bacia hidrográfica do Rio Ribeira que vai de Iguape ao Complexo Estuário Lagunar de Iguape, Cananeia e Paranaguá. Esse complexo inclui integralmente a área de 31 municípios (9 paranaenses e 22 paulistas). Existem ainda outros 21 municípios no estado do Paraná e outros 18 municípios no estado de São Paulo, que estão parcialmente inseridos na bacia do Ribeira.

  Antes de viajarmos, curioso e ansioso por todas as mudanças, despertou-me a vontade de conhecer um pouco da geografia que abrangia a trajetória entre São Paulo e Curitiba e essa Região do Vale do Ribeira me despertou sobremaneira. Então enquanto descíamos dentro daquela atmosfera ambígua que se criou no espírito de Alex, tentei comentar sobre o que havia pesquisado, apontando para os belíssimos desenhos que se formavam entre a água e a relva, a floresta, enfim, que formava a bacia. Para melhor fazer evoluir o assunto, baixei um pouco o som de Vivaldi para não precisar elevar muito o meu tom de voz. Quando fiz menção de me dirigir ao aparelho, ele teve uma reação automática de me segurar, mas avisei que apenas baixaria um pouco para breve comentário. Destaquei o fato de a região ser importante pela preservação de suas matas e por grande diversidade ecológica. Que seus mais de 2,1 milhões de hectares de florestas equivalerem a 21% por cento dos remanescentes da mata atlântica existentes no Brasil; a existência de comunidades indígenas, quilombadas e outras comunidades. E assim fui tentando prosseguir animado com o que havia pesquisado sobre a bela região, quando Alex, abanando a cabeça como se estivesse me ouvindo, na verdade continuava absorto nos seus pensamentos tendo como fundo inspirador a música. Fui disfarçando e, vagarosamente, voltei ao tom anterior e parei de falar. Volvi minha cabeça para a esquerda e fingi dormir. E assim prosseguimos durante toda a viagem. Já era noite quando chegamos a Curitiba. Com a entrada na cidade, com os percalços da grande cidade, todas essas coisas devolveram o Alex para a realidade do presente e para as coisas práticas que deveríamos resolver. Teríamos que passar a noite em um hotel, de possível sem estrelas por contenção de despesas para que, no dia seguinte, a gente fosse para o apartamento em que viveríamos que havia sido conseguido por meio de um amigo de Alex do tempo da Faculdade. Viemos apenas com pertences pessoais: nossas roupas e nossas objetos de valor subjetivo. Mais tarde tentaríamos reaver outras coisas. O apartamento tinha a vantagem de ser semi-mobiliado. Isso facilitaria muito e já era possível nos mudar no dia seguite e daí complementaríamos com os objetos básicos necessários. Na noite da chegada, portanto, fomos para o pequeno Hotel Rio Branco. Lá nos acomodamos e dormimos. Era um momento de passagem em que o empastamento do espírito se munia de uma aura de desconforto: era a penetração numa zona gasosa que o amanhã tendia a iluminar.

Os anos de felicidade com instantes de êxtase que passamos em Curitiba não podem ser resumidos numa narrativa curta com percalços de discursos e inclusões digressivas. Quanto ao número sete, não foi uma escolha para fingir que coincide com a noção de número cabalístico ou com outras simbologias que envolvem esse número. Foram tantas coisas, e as mais relevantes se deram nos detalhes do dia a dia onde a relação entre os seres tendem a não dar certo, devido a uma série de pequenos assassinatos que ao se acumularem atuam como irreparáveis afastamentos, não somente de amantes, mas de outros tipos de relações humanas. Truffaut, o grande cineasta francês, grande especialista em mostrar a condição humana pelas suas peculiaridades mundanas, por seus detalhes minúsculos, trabalha em vários de seus filmes essa temática dos "pequenos assassinatos" fundamental para que se compreendam os desencontros entre pessoas que se gostam. Aprendi muito nesses dez anos de relação com Alex, a sobrelevar no cotidiano as míseras causas que muitas e muitas vezem conduzem a feições negativas que poderiam ser evitadas. Mas a condição do homem é tão frágil, que, mesmo sabendo de cor as lições, acaba escorregando na hora de colocá-las em prática. Indo um pouco mais longe nessa reflexão sobre vida e relação, diria que pequenos assassinatos é uma metáfora de uso que resume as gamas de nossa fragilidade perante o outro e perante si mesmo. Mas essas questões são mais complexas do que possa parecer. Como é impossível sairmos ilesos desta vida, desses pequenos assassinatos, temos de cuidar permanentemente que eles, ao ocorrerem sejam extirpados mesmo que para isso se aplique raios de laser e os façam implodir. Mas para que isso se dê é necessário que haja profundo interesse das partes de preservação da relação. Se isso não ocorrer, o processo negativo será desencadeado de modo incontrolável. Os pequenos assassinatos consistem essencialmente em equívocos semânticos que geralmente ocorrem por falha de comunicação de várias naturezas. Entretanto, no caso das relações amorosas, essas falhas geralmente são sustentadas por alguma deficiência previamente existente entre os pares da relação. É como se a assadeira já estivesse untada para se colocar a massa do bolo, que no caso tem de complementar a metáfora, como a massa *envenenada* do bolo para assar. O resultado será fatal.

  Creio que Alex e Danilo não acreditavam na possibilidade de serem comuns, como todo o humano é comum quando está em jogo a sua condição básica de apego àquilo que para ele é caro. A intensidade da relação e a naturalidade do gesto de amar implicando querer bem sem interesse de receber em troca, essa manutenção da coragem de ser sem a mácula do fazer para poder receber, tudo isso levou-os ao precipício desnecessário, mas fundamental, para que eles resgatassem no mergulho das coisas vãs, a sua pele e seu recomeço. Foram quase dez anos de euforia sem que percebessem que sob os pés os cascalhos fazem ruídos mesmo que ainda o outono não tenha chegado. Nos últimos três anos se iniciaram os ventos mais intensos e já se notavam pequenas fagulhas que ameaçavam os olhos. Os óculos de sol já se faziam necessários em certos momentos. Creio que o hábito da convivência amorosa levou-os a não sentirem os perigos dos pequenos assassinatos a que estávamos até mesmo expostos aos amigos mais próximos a quem a nossa felicidade incomodava, sobretudo aqueles amigos mais complicados do Alex, que foram colegas de universidade. O último Alex não coincidia com aquele que conheci e com quem convivi durante quase dez anos. E o pior, sem entender quase nada do que estava acontecendo e nenhum diálogo ocorrendo sobre os estranhamentos dessa invasão amorosa com Renan, sob a tutela tão mesquinha de Leopoldo isso não poderia estar acontecendo pelo fluxo natural da vida? Ou poderia e minha ingenuidade não permite ver? A forma como um cuidava do outro até às vésperas de tudo acontecer, até aquela tarde na loja de roupas masculinas quando ele anulou a minha interferência, a minha opinião no seu traje, não poderia mudar tão abruptamente assim. Não parecia ocorrer entre nós o que se chama de esvaziamento da relação. Um estava constantemente disposto a olhar para o outro, a cuidar do outro, complementar as carências do outro, em hora alguma isso foi negado. Nós estivemos sempre acima das coisas menores, mas não éramos deuses, porque foram as coisas menores que nos deixaram nessa situação confusa em que estamos. Foram as coisas menores que nos derrubaram e nos deixaram como quaisquer seres do mundo, chegando a atingir a dimensão abjeta de ser.

Eu quis escrever esta narrativa para tentar compreender o que houve na relação entre mim e o Alex. Acredito que postas no papel as palavras parecem atingir outra dimensão. Parece que ao escrever nós não olvidamos das palavras. Elas pesam sobre a folha de papel e ficam assim coladas como se colocássemos cola ou se a água da folha ficasse mais densa e as palavras soçobrassem. Como já disse, as palavras escritas foram de domínio do Alex, que com elas sempre soube jogar para realizar seus poemas considerados complexos até intraduzíveis por alguns de seus críticos. Já no meu caso, vendo-o criar, sempre fiquei à mercê de tal processo, tangenciando materialmente sua produção, até carregando seus livros nos dias de lançamento, tocando-os, porém sempre me limitei a esses procedimentos, mantendo-me alheio ao miolo do livro, ao que ia dentro do livro. Por isso, essa narrativa que já vai muito longe, bem mais do que eu pudera imaginar, surpreende a mim mesmo. Ao receber aquela carta de tom densamente lírico, eu me senti compelido a respondê-la. Sim, eu queria respondê-la, todavia, a carta me atingiu de maneira tão surpreendente, com aquele estilo que só Alex sabe realizar e que sempre admirei tanto que me senti inócuo em, simplesmente, tomar a caneta e ousar responder a carta.

Antes eu me vi mobilizado por um força muito forte que vinha do diafragma e atingia outras partes de meu corpo, de minha mente e voltava para a região de meu coração. Era uma mobilização de meu ser inteiro que advinha daquele pequeno papel com letras negras e com um *t* muito especial que se expandia por todo o estilo da carta e parecia ir além dela. Trata-se do estilo de um grande poeta que por coincidência era o meu amor que vinha ali escrevendo um texto no qual parecia entregar toda a sua sensibilidade, toda a sua luz e o seu sentimento mais sincero para um destinatário que mal sabia ler os seus poemas circunstanciais. Por tudo isso e mais eu não poderia simplesmente tomar do papel e da caneta e escrever-lhe uma carta-resposta. Eu precisava de circunstancializar essa carta para mim mesmo e ler muito detidamente a carta dele para tentar entender o uso de suas palavras. Elas poderiam esconder coisas. Eu haveria de desvendá-las. Mesmo que isso me custasse muito.

Por mais que meu discurso claudique, por mais que lute com as palavras, elas, as palavras, hão de me ensinar até o final desta narrativa como operá-las de tal sorte que possa povoar meu horizonte da própria história de amor que vivi com Alex, ou da própria história que aprendi a viver com os solavancos que sofri, ao tentar ser eu mesmo. Nesse exercício de registro e de captação dos sentimentos mais delicados, misteriosamente delicados, os quais muitas vezes não conseguimos ou não sabemos nem nomear, a impressão que temos é que o que seria frágil em nós, ao nos darmos ao processo da existência, torna-se intenso, torna-se com força singular ao buscarmos a construção literária daquilo que era simplesmente *vida*. Os resíduos da experiência interligados a outros resíduos tornam-se esponjas que primeiro rolam secas, levadas pelo vento. Depois, umedecidas pelo orvalho da criação, voltam pesadas e podem dar o tom de um tecido literário. É assim que entram nesta narrativa, aquela cabeleira quase ruiva, mas espessa, olhos muito rápidos e marcados por um decodificação também rápida do mundo. Era Reveillon e fomos convidados (na verdade Alex foi convidado) para passarmos na casa de um amigo de outros tempos do meu companheiro. Senti que Alex estava um tanto quanto aturdido e mais foi assim ficando quanto mais se aproximava o 31 de dezembro. Como de costume, fomos ao shopping para comprar nossa roupa e um vinho para o anfitrião. Esse tipo de situação sempre foi muito especial na nossa relação. A gente ria e brigava de mentira e tornava a rir levando o vendedor a gostar muito de nos atender por nosso estilo de viver. Um interferia nas escolhas do outro e o outro sempre ou quase sempre acaba vencendo na escolha do um. O interessante que isso ocorria desde a escolha da cueca até do paletó ou da gravata quando tinha de escolher gravata. A minha "lourice" e a "morenice" de André eram responsáveis pela festa que se criava nas escolhas das cores, dos tons ou dos matizes das peças que um queria para o outro. Na verdade, sempre cada um queria que o outro ficasse o mais bonito possível. O que foi diferente no Reveillon de 2007 foi a atitude de Alex em relação às escolhas. Tudo era igual a todos os anos. A gente gostava de manter determinadas invariantes na nossa vida: o mesmo autoposto, a mesma casa de carnes e a loja de nossa preferência. Isso era mais próprio dele, mas com o tempo fui ficando mais obsessivo que ele com certas repetições da vida. De preferência que fosse o mesmo atendente, falando as mesmas coisas e fazendo os mesmos chistes. Foi assim que Marlene, a simpática vendedora de artigos masculinos daquela loja, estranhou nossa mudança de atitude. Na verdade a mudança era de Alex. Havia entre nós certo distanciamento quase imperceptível aos olhos. Ele se manifestava como se houvesse um papel celofane entre nós. A certa altura, disse Marlene: uai, não vão brigar hoje? Olhei para ele com leve sorriso e depois para a vendedora, respondendo: não, Marlene, hoje não. E assim, com uma estranha segurança, Alex foi escolhendo a sua roupa até mesmo nos mínimos detalhes, sem pedir minha opinião, de modo a não me deixar opinar sobre qualquer coisa. E também não disse palavra sobre minhas escolhas. Durante aqueles nove anos, essa era a segunda vez que isso acontecia. Mediante essa segunda, a primeira veio vigorosa como se tivesse sido ontem. Refiro-me àquela cena do carro, há nove anos atrás, mas que em mim ficou marcada, quando começamos a descer para Curitiba, no grande trecho do Vale do Ribeira que se iniciou na altura de Cananeia e só amenizou quando entramos em Curitiba. O que não faz de nosso mundo interior as experiências mais indesejáveis sobre as quais restam sombras misteriosas? Durante anos contornei de todas as formas aquele sentimento que rondava o espírito de Alex e que me deixou com um sentimento de melancolia vazia. Fiz tudo para torná-la imemorial. Algumas noites, durante o sono, o ruído dos pneus do carro reapareciam misturados com os sons dos violinos entoando "O inverno" de *As quatro estações*, de Vivaldi. Eu acordava infeliz, ficava olhando-o, que dormia profundamente e então eu relevava: bobagem, Danilo, esqueça e durma. Porém, algumas vezes durante o dia, olhando para ele enquanto trabalhava nos seus escritos, vinha à minha lembrança, quando pediu para que passasse o porta-CDs e escolheu, mesmo estando dirigindo, o disco de Vivaldi. Agora, a atitude individualista que assumiu na loja de artigos masculinos me reportou de imediato ao passado, pela singularidade dos gestos, pelo mesmo comportamento. Meio constrangido pela atitude de Alex, fui escolhendo minhas coisas. Cheguei numa certa altura a inventar uma dúvida sobre a cor do cinto em relação às calças, perguntei a ele, mas não me acolheu como deveria. Então decidi voltar às minhas coisas e tentei evitar que notasse o meu tom de ensimesmado. Com aqueles anos de convivência e de interação amorosa, nós mudamos muito nossos hábitos pessoais e adquirimos outros que nos unia e até nos amalgamava diante das coisas e diante das predileções cotidianas. Dentre essas alterações de gostos e de vontades, a vestimenta apareceu como uma das que mais se destacava. Entre certa austeridade de Alex e certo despojamento de Danilo, houve, com os anos, certo fusionismo que no meu modo de ver deu bom efeito, seja do ponto de vista estético, seja do ponto das preferências culturais. É claro que o essencial de Alex se manteve mesmo nas vestimentas o mesmo acontecendo com o que em mim é essencial, dir-se-ia que a *dominante* de cada um e por isso mesmo indivisível se manteve intacta mas as variáveis passaram a transitar de um para outro. Por isso as brincadeiras, o caráter lúdico de nossa visita às lojas. Quando a discussão era sobre um *cashmere*, não era difícil de eleger, por exemplo, o verde para Danilo e o marinho para Alex. Porém quando se tratava da discussão para a escolha de uma cueca samba-canção as coisas se complicavam, tornavam-se difíceis. Primeiramente seria necessário convencer o Alex de que seria uma cueca com poucas estampas, uma vez que preferia as sem estampas, as lisas. Depois, era a vez de se escolher o tipo de estampa, tentando escolher a mais discreta. Muitas vezes acabava acontecendo surpresas decisivas: Alex saía da loja com produtos mais "indiscretos" que os de Danilo. Era com esse humor e com essa entrega que fomos vivendo nossa vida em comum. Trabalhávamos muito; o Alex cada mais vez envolvido com o mundo intelectual e artístico, não tinha muito uma regularidade de horário. Muitas e muitas vezes iniciava seus escritos, indo para o computador no final da tarde e por lá ficava até altas horas da noite. Quantas vezes no inverno eu acordava de madrugada e ele estava com uma manta envolvida no corpo escrevendo. Outras vezes, nessas mesmas circunstâncias, ele dormia sobre a mesa. Daí eu o chamava, com cuidado, e ela ia para a cama comigo. Se fosse mais cedo — onze horas, meia-noite — e eu já estava com sono eu lhe preparava um chá indiano antes de ir me deitar. Ele ficava muito satisfeito, porque adorava chás. Eu não gosto muito de chás. Quase não tomo. Mas nunca comprei tanto chá na minha vida quanto nesses anos. Quando passava por uma rotisserie ou por uma loja de importados, não conseguia ir embora sem verificar se havia um novo tipo de chá e se houvesse o comprava para o Alex. Quanto a mim, eu gosto mesmo é de café expresso ou de capuccino. Costumava comprar *Capuccino Três Corações*, mas logo acabava. Então, Alex descobriu uma ótima receita caseira e passou a fazer para mim. Ele ficava bravo com a forma de eu me alimentar. Havia manhãs, dependendo do meu estado de espírito ou de minhas condições de tempo, que eu apenas tomava uma xícara do café da véspera e saía correndo para o trabalho. Para evitar isso, antes de dormir de madrugada, preparava a mesa e alguma coisa para eu comer. Já deixava tudo arrumado de maneira que eu percebesse e fosse impelido a comer. Nós jamais nos valíamos de subterfúgios para não ajudar o outro. Ao contrário, a gente se preocupava com o outro em todos os graus. É exatamente por vivermos assim, por nos darmos assim, que qualquer desvio se tornava algo estranho e nos atingia profundamente. Foi por isso que fiquei tão intrigado com o comportamento de Alex na loja. Ele estava muito fechado nos seus critérios de escolha. Naquela tarde do dia 31 Alex não trabalhou. Ficou organizando certas coisinhas que, segundo ele, há muito estavam fora de lugar. Alguns manuscritos ou papéis avulsos que só ele poderia entender. De vez em quando ia até o armário e ficava olhando para a roupa nova: para a calça azul marinho, para a camisa branca, para os sapatos clássicos e pretos, enfim, para a mais previsível vestimenta que se poderia esperar de Alex, anos atrás. Tive a impressão de uma roupa temática que ele abandonara e agora voltava de maneira imperativa. A atmosfera que se criou em casa naquela tarde era sombria e higiênica, distinta daquela com que estávamos acostumados a vivenciar, sobretudo em dias de festa. Nesses dias, ficávamos eufóricos por podermos brindar, por nos mostrarmos juntos ao mundo. Nosso amor nessas ocasiões tinha um toque de ingenuidade ou de infantilidade que nos invadia e que só nós poderíamos testemunhar. Naquela tarde, o sentimento que invadia nosso apartamento era de ambiguidade. Como naquela famigerada tarde da viagem. Alex se voltava para algo que bailava dentro dele e que preferia não me contar. Mas havia uma diferença. Durante a viagem, a sensação de nostalgia que nele se manifestava refletia em mim em forma de melancolia com um sentimento de vazio, que me levava a inferir que o único motivo estava em Curitiba. Agora, o que se manifestava nele era um estado de inebriante cuidado com seu traje para a festa e isso estaria mais próximo para que eu pudesse descobrir. Por um lado, a curiosidade não me dava trégua e a leitura dos índices fazia com que ficasse aguçado para todos os gestos de Alex. Por outro lado, aquilo tudo estava tirando de mim as alegrias que sempre senti no último dia do ano. Aquelas sensações de espera da hora da passagem, de sair um pouco à tarde, encontrar os amigos num bar que você não tem frequentado ultimamente, esse caminhar e ficar sem pressa em lugar nenhum olhando coisa sem ver, vivenciando estados não costumeiros. Nessa tarde, eu havia perdido todo esse gosto de anos, e estava ali atuando como investigador dos gestos suspeitos de Alex. Não há nada que possa ocupar mais a mente de um ser amoroso que a dúvida em relação ao seu par. Ela surge como aqueles estados gripais que entram em nós por termos aberto a janelinha do carro e depois não saem nunca mais. O estado da dúvida é o vírus da gripe que pode evoluir para outras doenças. A gente passa a olhar para a pessoa e ver nela o que não víamos antes. A pessoa passa a possuir para nós algumas unidades de sentido que eram ausentes até então e que eram um espécie de *menos* na nossa forma de vê-la. E nisso reside toda a diferença. Um traço de sentido adicionado no conjunto de sentidos que compõem o significado de uma pessoa, altera completamente os demais traços e minha relação com eles. Eu fazia tudo, eu tentava todos os caminhos para não permitir que a imagem da dúvida ganhasse forma dentro de mim e me dominasse por inteiro. Tentei brincar com Alex, convidei-o para assistir à corrida de São Silvestre no Bar do Zé lá no centro, mas ele disse que não estava com vontade de ver a corrida esse ano; que preferia passar a tarde em casa, arrumando as suas coisinhas; que eu poderia ir se quisesse e se não quisesse ir no meu carro, que estava com um pequeno problema no câmbio, poderia ir no seu. Ele havia acabado de revisar e abastecer. Disse ainda que só sairia de casa para a casa do Leopoldo mais ou menos por volta das dez horas que foi o horário sugerido no convite. Seria bom respeitar o horário para não abalar as estruturas psicológicas do anfitrião. Leopoldo era um amigo bem antigo de Alex, do tempo em que estudaram juntos em São Paulo na Faculdade de Arquitetura e Urbanismo da USP e vinham com certa frequência para Curitiba e aqui se juntavam a outros amigos. Alex deixou o curso no final do segundo ano ao perceber que não estava em arquitetura a sua verdadeira realização. Voltou para Mariana e acabou cursando Faculdade de Letras em Ouro Preto. Já Leopoldo tornou-se arquiteto e foi para Curitiba, sua cidade de origem. Muito bem sucedido, sempre que havia oportunidade gostava de dar festas, reunir os amigos em sua casa. Mais velho que Alex — talvez 45 anos — o que muniu a nossa relação desde a primeira vez que o vi foi a antipatia mútua. Eu sentia nele um cruzamento de sentimentos turvos que me faziam muito mal. A forma como me olhava parecia me reduzir. Seus olhos verdes meio puxados que seriam traços de beleza nele se tornavam negativos, pareciam impregnados de maldade, de perfídia que me atemorizavam. Por mais simpático que eu tenha tentado ser com Leopoldo, ele manteve, sempre que nos encontrávamos, uma postura de ignorância em relação à minha pessoa. A única vez que o vi sem estar com o Alex ele fingiu não me ver. Foi no estacionamento do supermercado. Ao contar a Alex sobre a atitude torpe do amigo, esperei que Alex fizesse algum comentário ou que me defendesse de alguma forma, mas se manteve isento como se o problema estivesse focado na minha cabeça. Crise de ciúme talvez. A casa de Leopoldo seria a última que escolheria para passar o dia que para mim era o mais animado do ano. Ao me avisar que tínhamos sido convidados, fingi acreditar que o convite me incluía para evitar um dissabor maior. Eu não poderia me entregar àquela situação que me aguardava. Precisava de me aquecer para encontrar caminhos alternativos que dessem conta de meu desassossego. Por volta das quatro horas, vesti uma bermuda xadrez que adquiriria uma semana antes e estava com vontade de estrear, preferi pegar meu próprio carro e fui para o Largo da Ordem para encontrar uma televisão em que estivesse passando a corrida de São Silvestre num dos bares que era acostumado a frequentar. Por lá fiquei me distraindo, proseando com um ou outro conhecido bebendo meu par imbatível para essas ocasiões, isto é, chopp e Campari concomitantes que muito me apraz. Encontrei com o Luis Carlos, colega de trabalho que vive visitando minha mesa sem dizer o que deseja exatamente. Como estava comprometido com a família, estava apenas de passagem, mas prometeu me ligar e me convidar para alguma coisa que a gente poderia fazer um dia desses. Disse que sim que aguardaria seu contato. Havia outros olhares mais ou menos detidos que cruzavam com os meus, mais como a força do hábito do que para desenhar uma coisa mais comprometedora. Diziam que eu era simpático com as pessoas e isso muitas vezes levava a outra pessoa a se enganar com o meu tratamento. Foi muito bom eu ter tido o impulso de sair de casa. Consegui me sentir bem melhor do que estava me sentindo ao observar Alex nos seus mistérios para aquela noite. Apareceu pelo bar um antigo amigo lá de Mariana, amigo de adolescência que também sofreu as pressões da família por sua condição sexual. Já havíamos nos encontrado em Curitiba umas duas vezes e trocamos algumas ideias. O nome dele era Eduardo, um rapaz muito bonito, bem moreno, traços do rosto bem delineados e bom de prosa. Conforme ia falando, seus gestos e sua expressão foram me devolvendo sensações que há muito tempo não sentia. Chegou um momento que eu fui perdendo a noção dos significados das palavras ficando apenas marcas dos significantes e depois nem isso. Desse patamar de distanciamento a favor de um delineio da memória passei para um outro do qual não conseguia desfazer. Era uma excitação incontrolável por aquela figura do Eduardo, que partia da maçã da face e ia passando por cada parte do rosto, como a boca, olhos, dali as sensações tomaram conta das mãos e finalmente do corpo inteiro. Quando isso se deu das partes para o todo, quem emergiu na minha memória foi o Murilo, aquele meu amigo da puberdade e da primeira adolescência, que parecia intuir os meus desejos e brincava comigo me pegando por todos os ângulos e me deixando em frangalhos até me tocar por trás excitado e infernal. Era o Murilo que surgia na imagem do Eduardo e comecei a sentir tudo de novo, como se estivesse naquela tarde em Mariana, voltando da escola e fosse abraçado por Murilo quase me convidando para um ato de amor. Mas hoje eu tinha 29 anos, era casado e havia saído apenas para espairecer a cabeça no último dia do ano de 2007. Segurei meus impulsos, pedi a conta e tratei de ir para casa. Eduardo ainda me segurou pelo braço me oferecendo uma dose de *whisky*. Em outros tempos tomaria. Adorava esse destilado. Mas deixei de tomar por Alex que dizia ter deixado de gostar e que não lhe caía bem. Agradeci ao amigo e me afastei. Cheguei à casa no cair das sombras. Apesar de verão, aquela tarde estava amena, agradável. Curitiba tinha dessas coisas. Já no corredor, ouvi os violinos do Primeiro Concerto "A Primavera" de *As Quatro Estações,* de Vivaldi. Fiquei assim parado no hall de entrada, não sabia como reagir, cheguei a sentir palpitações. Senti vontade de voltar, de correr para o bar de onde viera, de retomar as conversas dos amigos, de tomar o *whisky* e de assumir o meu sofrimento que, na verdade, estava me corroendo. Entretanto, isso não resolveria. Os índices que ele apresentava não tinham uma forma humana. Eles eram voláteis. Poderiam ser idiossincrasias de poeta. Também eu não sabia brigar com Alex. O olhar dele já seria um forte argumento contra mim. Mas meu corpo não conseguia abrir a porta e entrar. Aquela música se tornou tão intensa como forma de separação entre nós que, entrar enquanto ele a ouvia, dava a impressão de total invasão de privacidade. Se na viagem era "O inverno" ouvido e repetido *ad infinitum,* hoje a "Primavera" era o concerto que criava o cenário no espírito de Alex. Fiquei ali parado por certo tempo em estado de drama. Jamais imaginei me defrontar com um clássico da música erudita atuando como parede castradora e me proibindo de entrar na minha casa. Os prenúncios já me haviam alertado na escolha da vestimenta. Agora "A Primavera" anunciava simbolicamente o resto da peça. Eu tinha de entrar para fazer parte da representação. Respirei fundo e entrei. Ele estava deitado no sofá da sala vestindo apenas um pequeno short azul-piscina que eu havia lhe dado de presente. Estava belíssimo com uma perna encolhida e a outra esticada na extensão do sofá. Olhava para o teto absorvido na música de Vivaldi. O desejo de me jogar sobre o seu corpo foi enorme. Mas me contive. Sorri-lhe, mal beijei-lhe na testa, pois cheirava a resíduos de bar e me dirigi para o quarto. Queria marcar o mínimo possível minha presença naquele lugar que mais parecia um espaço oracular do que nosso espaço cotidiano. Decidi tomar banho para tirar aquele ranço do bar e sob a água permaneci por um bom tempo, assoviando minhas músicas preferidas, tendo como mote Adriana Calcanhoto. A forma anti-lírica que a compositora e intérprete carioca encontrou para construir o lirismo preenche totalmente as minhas vontades e meu gosto musical. Ficamos assim nesse reduto dos incertos até por volta da 21h00 quando Alex finalmente se levantou do sofá e me disse que seria bom a gente se arrumar, porque era chegada a hora. O que mais me doeu naquela noite foi eu ter de mostrar naturalidade ao me arrumar para me dirigir ao cadafalso. Eu detestava o Leopoldo. Havia nele uma sombra de malignidade que eu captava a distância. Não conseguia entender de que maneira ele enredara Alex para o seu meio. Alex que era tão exigente para suas amizades e que não permitia determinadas relações com seres suspeitos. E ele, munido de sua credulidade, vestia-se com esmero, cuidando de cada detalhe da roupa. Por minha parte, também me preparei da melhor forma possível para fazer jus aos primores de meu ainda amor. Quando estávamos prontos, decidimos ir apenas num carro, que era o de Alex. Leopoldo morava num condomínio nobre de Curitiba sobre o qual ele vivia enumerando as vantagens. Intencionalmente se esquecia e voltava a perguntar para as pessoas onde moravam para que ficasse selada o que ele entedia como sua superioridade. Chegamos exatamente à hora que estava no convite. Muitos carros estavam estacionando o que demonstrava uma espécie de controle invisível do anfitrião sobre os convidados. As festas de Leopoldo eram famosas pelo requinte com que conduzia tudo e tudo era centralizado na sua pessoa. Tornava-se muito difícil para que o convidado pudesse levar-lhe um mimo, um presente de seu agrado. Ao chegarmos diante dele, recebeu-nos esfuziante e ao abraçar e beijar Alex segredou-lhe rapidamente alguma coisa no ouvido e volto-se a mim, bem mais contido, com um sorriso entredentes e nos convidou a entrar. Conforme a festa foi evoluindo, as demais pessoas fizeram com que me esquecesse de focalizar e suas atitudes que muito me aborreceriam. Como mais amigos de Alex do que meus, liberei-o um pouco mais, tentando encontrar um ou outro que já me conhecia ou que poderia conhecer ali na festa e me relacionar bem. E isso não é impossível quando se trata de uma festa predominantemente gay. Num primeiro momento, ocorrem as chamas das vaidades e os desfiles de tons e entretons das escamas que recobrem cada um deles. Torna-se muito indigesto para quem realiza 24 horas por dia o exercício da libertação pessoal, desconstruindo a cada dia suas falsas identidades, ter de conviver com o contrário disso. Numa esfera em que se cultivam as máscaras, em que a palavra-chave é a vaidade. A homossexualidade não é responsável pela perdição do mundo. Não se pode atribuir a ela as veleidades criminosas do humano. Ser homossexual não significa ser mau caráter. Entretanto, algo me incomoda nas minorias em geral. Como se trata de humanos, o pior do humano pode se manifestar de forma destruidora. Devido ao elevado grau de carência, carência de ser, carência de se projetar para o mundo da maioria sem ser extirpado desse universo, as minorias podem se render e passar a imitar mal os valores da maioria. Por isso me assusta uma festa dessa natureza. O que seria confraternização se torna um ajuntamento de seres sozinhos, tentando retocar o tempo todo o seu brilho e seu descortinamento para o mundo. Seres egoístas, excêntricos e maldosos — com camadas de escamas sobre a alma. Digo maldosos porque ao olhar o outro está desdenhando o outro mediante a imagem estelar que possui de si mesmo. Para deixar Alex à vontade com seus amigos, tentei criar minha autonomia pela festa, circulando, tentando conversar um pouco com alguém mais acessível, tomando uma bebida, atentando para os detalhes da fauna humana que se mostrava e se embebia na vaidade. O que me preocupava muito era com o ritual da passagem. Como dissera, o que seria confraternização se tornaria um jogo de falsidades e de bajulações. Então, optei pelo seguinte. Quando vi que era meia-noite, desapareci sorrateiramente e me refugiei numa sacada que dava para um jardim não frequentado naquele momento. De lá ouvi os gritos e assisti aos apupos da "adeus ano velho/feliz ano novo" e me recolhi o máximo possível dentro de mim mesmo, com muito medo de ser notado. Ao voltar ao grande salão, com uma taça de *champagne* para disfarçar, de longe vi Alex, que acredito não ter tido tempo para me procurar, envolvido com um pequeno grupo que me reportou aos "colegas de faculdade" e dentre eles um me chamou a atenção pelo modo como se relacionavam. Eles abstraíram os demais amigos e ficaram se olhando, rindo, se tocando como se isso fosse mais forte que eles mesmos. Fisicamente, o rapaz apresentava uma aparência física bastante similar à minha, só que mais velho que eu e um pouco mais velho que o Alex. Era visível que ali se realizava um reencontro afetivo muito intenso. O que me chamou a atenção foi que Renan, esse era seu nome, parecia possuir uma ascendência de temperamento sobre Alex, similar à que Alex tinha sobre mim. Foi flagrante o instantâneo que registrei.

[Amanhã não haverá alvorecer. Eu, ao menos, não vou ver o dia amanhecer. Foi o desejo de Deus que chegasse ao fim esse doloroso caminho que foi minha vida. A peregrinação termina por meio de um decreto no último dia 1º de fevereiro, com o selo real de minha prima, Elizabeth da Inglaterra. Esse fim varrerá tanto os sonhos não cumpridos quanto as traições não patentes e as repetidas humilhações. *Deo gratias.*]

O que se passou comigo a partir daquele instante não compete a humano descrever. Tive a impressão de estar cego devido a escuridão que se apossou de meus olhos. Porém o que me deu na verdade foi um vertigem por uns segundos que me fez sentar numa pequena poltrona de canto. Um garçom me perguntou se eu estava bem. Pedi-lhe uma água, que ele atendeu prontamente.

Fui melhorando aos poucos, mas algo me dizia que não poderia permanecer ali. Fui tomando feição do que houve, mais uma vez olhei para onde estavam Alex e Renan e me certifiquei da verdade: eles formavam um par completo. Porém, naquele momento em que fixei o olhar em direção do casal, Alex levantou a cabeça e olhou para minha direção. Ao me ver, parece ter tomado, num instantâneo, consciência do que ocorrera. Começou a dar com as mãos, fazendo sinais para que eu fosse até eles. Renan acompanhava os movimentos com uma expressão de alheamento em relação a nós. Apenas reagi do modo que meu corpo pediu — ignorei, não manifestando expressão alguma. Era como se ele tivesse feito aqueles gestos para outra pessoa. Aceitei uma taça de *champagne* da bandeja de um belo garçom que me sorriu e eu lhe sorri, dei as costas e saí. Com certeza Alex ficou completamente aturdido comigo por ter agido assim e com o outro que vinha num crescer de envolvimento e de alegria. Mas o que deu em mim foi bem pior. Um verdadeiro aquecimento interior foi me tomando por inteiro e eu não sabia o que fazer no meio da sala. Mas, quando estava prestes a implodir, senti a mão de Alex no meu ombro. Eu me virei e ele disse: "o que houve? Venha. Venha conhecer um antigo amigo meu." "– Já o conheci o suficiente. Agora vou até a outra sala conversar com alguns amigos."

Ele ficou me olhando meio perdido pelas últimas cenas, que fiz questão serem discretas, ele tendo de voltar ao amigo que ficou esperando-o, e eu fui saindo da sala sem ser notado e da sala para a porta de entrada e de lá para a rua. Grande foi o alívio ao sentir a brisa da rua, o ar puro, a cidade e suas luzes. Tive a sensação de ter passado por um processo de purificação ou de desenvenenamento. Aquele ambiente era construído à base de ervas daninhas e eu captava tudo e ficava com indigestão espiritual. Havia uma abismo entre ele e os outros do mundo mais simples, dos bares do Largo da Ordem ou mesmo de outras regiões em que tudo acontecia dentro de outro astral. Coloquei a camisa para fora da calça em busca de um relaxamento, respirei fundo os novos ares e assim que passei a me sentir melhor, comecei a assoviar uma música de Adriana Calcanhoto que atua sempre como catarsis para minhas desesperanças. Entretanto, como é próprio de meu temperamento, nessas situações eu me reergo com certa intensidade querendo olhar a vida do alto. Querendo não esmorecer. Sempre em minha vida, apenas as ações medianas e até mesmo regulares tiveram efeitos em mim de tombamento por um certo período. Os fatos intensos até mesmo catastróficos, como tendia a ser o dessa noite, não me abatiam com facilidade, ao contrário, me devolviam mais forte para a realidade. É certo que ainda estava anestesiado frente ao ocorrido. E disso eu tinha medo. Entretanto, uma série de coisas que vinham ocorrendo tinha suas fontes naquela cena de Alex e Renan e eu não poderia perder a chance de recuperá-las e cruzar as várias vertentes para chegar ao nó da intriga. Saí do condomínio e entrei pela avenida principal em direção ao meu bairro sem ainda me preocupar em chamar um carro de aluguel. Creio que eu estava precisando de me cansar um pouco, extenuar-me fisicamente, me livrar do álcool que havia ingerido, sentir minha pele e meus passos com crueza realista, transpirar, sentir minha roupa nova umedecer de suor para que eu pudesse *ver* com a precisão de quem vê; *sentir* com a precisão de quem sente. O que filmei há dez passos de mim naquela sala era tão rico de detalhes que nenhum diretor de cinema pediria um retoque, ou uma revisão da cena. Por isso se tornava difícil desmanchar a cena, desconstruir o cenário separando pequenos detalhes. Mas algumas marcas genéricas tinham que ser retomadas. Dentre elas, o sorriso largo e franco das duas personagens destacava-se sobremaneira; um bater com as costas da mão direita de Alex no peito de Renan; um beijo na testa de Alex que Renan dera num impulso de alegria, foram alguns elementos que a cena elegera. Interessante quando estamos diante de uma verdade empírica que não tem jeito de ser camuflada, uma verdade que foi testemunhada pelos nossos olhos e comprovada por nosso coração, pode acontecer de elegermos todos os pequenos detalhes da cena, confirmarmos todas as evidências e uma região de nosso cérebro ocultar o ponto mais importante daquilo que estamos descrevendo. Dá-nos a impressão de que a gente realiza um jogo de esconder consigo mesmo para que dor da revelação demore um pouco mais para se manifestar. Mas conforme fui voltando aos flashes da quase indescritível cena, um gesto veio, com todas as suas forças e fixou na minha memória. Não deu para fugir. O brilho do cristal reluzia; os copos transparentes apresentavam os cubos de gelo; o amarelo do *whisky* se declarava intacto. Na mesinha de apoio do lado, uma garrafa de Chivas posava pela metade. E eu não havia tomado a dose de *whisky* que o agradável Eduardo me oferecera com tanta simpatia para respeitar o Alex. Por enquanto eram apenas constatações que vinham à minha mente de forma profusa por meio de imagens que iam e voltavam, repetidas, e ao mesmo tempo elas se esvoaçavam e se perdiam como fumaça, enquanto eu caminhava pela avenida querendo estar caminhando sem parar nunca mais. Para evitar que não fosse encontrado caminhando caso o Alex viesse atrás de mim, comecei a entrar pelas paralelas e transversais e fui assim confundindo minha trajetória de modo que se tornava praticamente impossível encontrar-me. Quando dei por mim, vi ao longe luzes da parte central da cidade e isso me animou a continuar caminhando na direção do centro. Nesse estado em que me encontrava tinha apenas uma certeza: não poderia voltar para casa naquela noite. Não havia a mínima chance de eu voltar para casa. Lembrei do hotelzinho sem estrelas e ficamos ao chegar em Curitiba chamado **Rio Branco** que ficava nas proximidades do Teatro Guaíra, hotel que conhecera e sabia que era econômico e higiênico. Sempre que passava em frente sozinho ou com Alex eu ficava olhando para esse hotel. Chegou o dia de voltar a ele, nele me hospedar por mais uma noite. Já fazia uns 40 minutos que havia abandonado a festa de Leopoldo quando meu celular começou a tocar. Não o desliguei, pois queria acompanhar o desespero de Alex ao me procurar e não me encontrar na festa. Deixei o aparelho no silencioso e de vez em quando olhava. Essas atitudes humanas que parecem nos infantilizar, levando-nos ao extremo da puerilidade são vexatórias. Entretanto elas resguardam um prazer infindável por revelarem um acre-doce do nosso espírito. Imaginar que Alex finalmente se deu conta de que fui embora, depois de ter me procurado por todos os cantos da casa, de ter perguntado de mim para as pessoas que não puderam lhe ajudar, ser obrigado a ter de deixar Renan para se preocupar com meu destino, isso possuía um sabor muito bom, muito singular. Como meu celular estava ligado, ele insistia. Isso era tudo. Enquanto isso, cheguei ao hotel e, após me cadastrar, subi uma escadaria de granito cinza e encontrei o meu pequeno apartamento de número 6. Nele, me retratei como não imaginara. A cama de solteiro recostada na parede do lado direito, o criado mudo com um Novo Testamento sobre ele, um tapete pequeno, limpo e surrado aos pés da cama. Na parede, um pôster de uma paisagem campestre, emoldurado com madeira desbotada e do lado um quadro trazendo as normas do hotel. Sobre a cama, uma toalha de banho e uma de rosto e um pequeno sabonete que cheirava soda cáustica. Apesar da cabeça borbulhante pelo Reveillon revelador, o sono que me dominava era maior. Mal me deitei e já dormia. Apenas acordei uma vez para me desfazer dos líquidos que absorvi e dormi novamente até quase 11:00 da manhã. Acordado e com o rosto lavado nada mais poderia ficar sob os lençóis. Não queria adiantar as coisas, mas deveria estar preparado para esse encontro com Alex. Toda a situação que vivi, todos os índices que incomodaram minha mente durante tanto tempo, desde aquela famigerada tarde da viagem para Curitiba, a obsessão por Vivaldi sem nenhuma explicação, tudo aquilo e as mudanças de atitudes que tive de suportar em silêncio resumia uma condição intransitiva. Terá existido uma outra pessoa na vida de Alex, e essa pessoa era Renan do qual ele jamais se esqueceu, cuja força do sentimento era mais intensa ou mais completa do que ele sentia por mim. Terá havido um hiato na sua vida sem ninguém, até que o destino nos colocou lado a lado naquela igreja e as coisas ocorreram como ocorreram. Mas eu precisava de muita calma naquele momento. Queria resolver tudo de maneira muito rápida e muito econômica e isso não poderia ser dessa forma. Alex sempre foi uma pessoa exemplar, além de um amante exemplar. É certo que não tive tantos outros ou quase nenhum para comparar, mas há certas coisas que não precisamos ter tanta vivência para poder avaliar. E o amor não se avalia. Alex me amava e esse era o ponto mais delicado. Ele me amava. Seria incontestável esse amor? Seria inabalável? Isso hoje eu não responderia com tanta propriedade. Senti que precisava ver o Alex. Chamei um carro de aluguel e pedi para tocar para Água Verde. Interessante que essa experiência havia me deixado mais seguro, senão mais amadurecido de um dia para outro. Na verdade o tempo e a vida haviam-me amadurecido e não percebera. Tratava-se de um adicionar de experiências que nos deixa de um jeito que não conhecíamos antes. Ganhamos uma nova feição. O ser humano possui departamentos distintos dentro de si. Logicamente, não tem consciência de todos eles a não ser quando se faz necessário acioná-los. Eu estava até certo ponto sereno, porque havia desvendado um mistério que estava me sufocando. Agora deveria administrar isso que me ocorria da maneira mais civilizada possível. Não tinha ainda acionado outro departamento dentro de mim e esse era mais delicado e ainda não tinha condições de avaliar. A bem da verdade apesar das revelações que se faziam a mim, restava considerar tantas outras coisas e eu não podia me precipitar. Eu precisava de ver o Alex. E assim o fiz. Ao me aproximar do prédio em que morávamos, de longe o vi caminhando de um lado para o outro, com o celular na mão, enfiando os dedos no cabelo, em estado de desespero. Era quase meio-dia do primeiro dia do ano. Ao ver o táxi, aproximou-se com certa sofreguidão e não esperou que eu descesse do carro para praticamente me puxar de dentro do automóvel e me abraçar de maneira completamente descontrolada. Esse tipo de afeto ainda não tinha perdido. Ele não me deu tempo para por em prática as estratégias que usaria nesse encontro. Eu esperava certo descompasso de Alex mediante todo o ocorrido. Mas não esperava vê-lo naquele estado deplorável que chamou a atenção dos transeuntes e de moradores do prédio e dos prédios vizinhos que saíam ou chegavam de casa naquela hora. Respondi ao abraço dele até mesmo para acalmá-lo e propus que subíssemos para nossa casa. Alex estava transtornado. Nas suas palavras, disse-me que começou a ficar assim desde o momento que percebeu o meu desaparecimento. Disse não ter tido noção do destino que eu tomara e o que havia me levado a atitude tão radical. Que não era de minha índole agir daquela forma e que nunca tinha sofrido tanto quanto sofrera naquela noite. Voltava a me abraçar e me beijar, segurava meu rosto entre as mãos, me olhava e continuava a dizer coisas às vezes ininteligíveis e eu acabei chorando também, porque sabia que ele estava sofrendo e eu vinha sofrendo, mas ainda não havia exteriorizado esse sofrimento. Perguntou-me pra onde eu tinha ido, onde havia dormido, porque estava desalinhado... A impressão que tive é que ele queria me tirar do fundo do poço para onde me jogou. Nada respondi. Quando se acalmasse eu conversaria com ele. Alex não havia dormido. Ele precisava de dormir. Tentei acalmá-lo o máximo possível e convencê-lo de que deveria tomar um banho, tomaria um chá e dormiria. Com jeito fui atingindo os meus intentos. E finalmente ele dormiu. Fiquei no sofá ouvindo música, comi alguma coisa e, como ainda estava cansado, acabei dormindo.

 Eram quase oito horas quando Alex acordou. Eu já estava acordado e recolhido no canto do sofá. Perguntei se dormiu bem e se descansou. Respondeu-me que sim, mas que estava com uma leve dor de cabeça. Prometi-lhe outro chá, com um comprimido que sempre tirou minha dor de cabeça. Ele me deu um leve sorriso e aceitou. A gente teve mais silêncio do que de costume. Na verdade, não tínhamos do que falar a não ser do miolo de nossa tensão. Como foi ficando mais tarde, a fome nos atingiu. Ele foi para a cozinha e encontrou algumas coisas que dava para uma refeição rápida. Arrumou os talheres e comemos, calados. Às vezes um olhava para o outro de forma sorrateira, mas ficava apenas nesse clima. Não se falou em nenhum momento sobre a festa de Leopoldo, nem sobre o Leopoldo. Outra coisa que deduzi: ele era a fada madrinha do casal revisitado e acredito que até o convite para a festa já apontava para a estada de Renan que foi segredada no ouvido de Alex quando chegamos à festa. Durante toda a noite entre nós dois o que mais se ouvia era o ruído psicológico das nossas mentes. Foi uma noite longa, porque os dois havíamos dormido durante o dia. Seria um dia para sairmos, irmos a algum lugar movimentado por ser o primeiro dia do ano. Eram umas nove horas quando o celular do Alex soou. Levantou-se meio sem graça, foi até a sacada e atendeu, dando algumas desculpas para justificar porque ficaria em casa. Do outro lado a pessoa insistiu e ele não tendo como sair da situação, disse que depois conversaria e que precisava de descansar. Aquele telefonema só piorou a atmosfera que havia tomado conta do apartamento. Daí eu reuni força e coragem e lhe disse que poderia sair com os amigos se quisesse; que ficasse tranquilo quanto a mim. Eu estava mesmo com vontade de sair; ir ao Largo da Ordem para reencontrar amigos com quem tinha passado a tarde de ontem e prometera revê-los. Ele ficou assim me olhando e não disse nada. Como eu insistisse falou-me que talvez mais tarde ligaria ao Leopoldo, mas se eu quisesse sair, que também ficasse à vontade. Com esse mini diálogo fomos nos ajustando pela casa e nos sentindo um pouquinho mais descontraídos. Tomei mais uma atitude: liguei para o Eduardo que me lembrava o Murilo e em bom tom marquei com ele para nos encontrar no Bar do Zé dentro de 40 minutos e depois a gente seguiria para o barzinho novo do Largo. Essa era uma data histórica para nossa relação amorosa. Durante nove anos e alguns meses, era a primeira vez que Alex e Danilo marcavam individualmente seus programas. Como isso ocorreu com a minha interferência e disposição para auxiliar no conjunto das coisas, tratei de ficar com a cara boa, comentei com ele sobre meus amigos que não era apenas o Eduardo, mas também o José Carlos e outros e fui assoviando para o banheiro tomar meu banho. Enquanto isso ouvi do banheiro Alex fazer um telefonema combinando para sair. Mantive meu humor, porque isso era fundamental. Coloquei minha roupa mais colorida e meus andrajos que nem sempre usava, inclusive meu brinquinho de pedrinha verde, minha calça ocre de sarja e minha camisa estampada. No pé, escolhi o sapato de que Alex mais gostava. Ele era de camurça quase marrom, mas o que nele realçava era o cadarço vermelho. Algumas vezes ele sentiu vontade usar o sapato, mas eu não ajudei muito para que usasse. Eu tinha ciúmes do sapato, porque achava que se parecia comigo e não tinha nada a ver com o Alex. Um dia o vi tentando calçar o sapato, mas ele usava um número maior que o meu. Por isso também não o estimulei a usar o meu sapato. Já vestido e perfumado saí para a sala enquanto ele via TV. Ficou fixado na minha figura, mas naquela noite ele não disse nada. Da maneira como eu estava arrumado, tornei-me um objeto para leitura. Notava-se que eu não apenas me vesti para passear, eu havia me vestido para me apresentar. E isso não podia ser negado. Foi com esse olhar de leitor que André, que era excelente nisso, me olhou. Despedi-me com um sorriso e saí. A forma tácita com que praticamente impus o código para nosso relacionamento criava uma nova forma de experiência entre nós dois que poderia favorecer um desenlace negativo. Ainda era cedo para termos precisão do que viria a acontecer. De uma coisa eu tinha certeza: o mundo não se encerrada em Alex e Danilo. Enquanto eu dirigia para o Bar do Zé ia captando as sensações de estar só indo encontrar com amigos agradáveis, como se diz, viver a minha individualidade. Por incrível que pudesse parecer, jamais tivera essa experiência. Minha vida se dividia em duas etapas: antes de Alex e depois de Alex. Antes era aquela vida em Mariana cheia de sensações e vontades, mas sem nenhuma experiência amorosa efetiva e nem vivência com amigos com quem eu pudesse partilhar os meus anseios e minhas angústias; para quem não precisasse de ficar o tempo todo escondendo as minhas garras e as minhas querências. Depois, passei a viver com Alex, a aprender muitas e muitas coisas, as quais nem conseguiria enumerar. Não sei dizer em que momento de nossas vidas em comum aprendi a caminhar com as próprias pernas. Como já disse em outros momentos desta narrativa, a minha re-alfabetização se deu pelas mãos de meu querido amigo. É claro que nesse processo as coisas não são tão didáticas assim. Houve também para meu aprendizado as coisas do mundo exterior, a minha relação com elas, eu e meu trabalho, eu e meus amigos. Percebo hoje em Alex muitas coisas de Danilo e se pode dizer, modéstia à parte, que é uma bela parte do legado. Mas de maneira alguma se pode fazer levantamento do que se transmitiu ou que deixou de transmitir. Por isso temos sempre de voltar àquele conceito medieval do amor: "amar é querer o bem do outro" e isso foi o que fizemos durante todos aqueles anos. Em busca da terceira etapa da minha vida, seguia de carro para o encontro marcado com amigos. Sentia que poderia marcar meus passos num ritmo singular. Sentia que aos 31 anos me tornara uma pessoa disposta a praticar o exercício da possibilidade. Pareceu-me que o que se deu em mim na noite do Reveillon assistindo a todo o espetáculo das pessoas em noite de confraternização, a começar pelo anfitrião que atuava de Judas logo à entrada de sua casa, o que se deu foi uma espécie de iluminação para que eu pudesse discernir, visualizar e entender onde eu estava inserido, à revelia de Leopoldo. Além disso, a iluminação mais intensa se deu quando vi o quadro vivo de Alex e Renan. Eu poderia tornar tudo em "pequenos assassinatos" dentro de poucos segundos. Reagir como reagi me salvou e espero ter salvado o Alex. Eu havia dito que Renan me pareceu mais velho que Alex e que dava a impressão de certa ascendência sobre ele. Não terá sido Renan para Alex aquilo que Alex foi para mim? Esta pergunta é a pergunta. O tempo todo em que narro e me coloco de corpo inteiro nesta narrativa uma letra-poema de Milton Nascimento me acompanha com a mente e com o coração. Chama-se "Menino" e assim diz:

>Se um dia você for embora
>
>Não pense em mim
>
>Que eu não te quero meu
>
>Eu te quero seu
>
>Se um dia você for embora
>
>Vá lentamente como a noite

Que amanhece sem que
A gente saiba
Exatamente
Como aconteceu
Se um dia você for embora
Ria se teu coração pedir
Chore se teu coração mandar
Mas não me esconda nada
Que nada se esconde
Se por acaso um dia você for embora
Leve o menino que você é.

[falta breve comentário entre a letra e os dois amantes]

    Era verão quando tudo aconteceu entre mim e Alex. Em Curitiba as estações do ano são bem caracterizadas e temos a impressão de que elas interferem no nosso modo de sentir as coisas. E aquele verão que se arrastaria até março demorou muito a passar. Sempre vivenciamos o calor dessa estação como forma contagiante de nos amarmos, de buscarmos o néctar da vida nas coisas cotidianas, gostávamos de descer para a praia e saborear a flora que margeia a rodovia, parávamos nos pontos propícios para tomarmos água da fonte e colhermos flores silvestres. Todos os anos fazíamos isso. Às vezes, enquanto eu me embrenhava na relva em busca de uma novidade, Alex ficava sentado em banquinhos de pedra colhendo imagens no seu caderninho brochura para usar mais tarde em poemas. Eu, sempre mais brincalhão, mais infantil, tentava estragar suas anotações jogando gotas d'água sobre os seus papéis. Ele corria protegendo seu caderno e depois tentava se vingar de mim de alguma forma. Na estrada para a praia Alex admitia ouvir músicas mais banais, algum tipo de pagode ou algo assim.

    Se preferíssemos ficar em casa, então repetíamos exatamente aquele ritual do almoço de domingo. Tomávamos o café da manhã bem cuidado com muitos exageros para comer, seguido de sucos, de café com leite, iogurte batido e mel. Alex adorava mel. Daí, por volta de uma hora, íamos fazer o almoço. Na véspera à noite escolhíamos o menu e comprávamos os ingredientes. No dia, tentávamos preparar o prato que muitas vezes não era bem sucedido. Alex era o *chef de cusine* e eu o assistente. Para nós dois, esse momento era mágico. Valia mais do que o resultado do prato. Eu ficava com o cozimento dos legumes e outras coisas dessa natureza como abrir latas, separar e lavar o arroz. Quando as coisas já estavam bem encaminhadas, vinha a parte do pequeno show domingueiro. Pegava o violão e começava a cantar sempre o mesmo repertório: Raul Seixas, Cazuza, Rento Russo, Lulu Santos, Adriana Calcanhoto, com pequenas variações de outros convidados especiais. A não ser que fôssemos convidados por algum casal amigo ou que convidássemos alguém, o ritual era ritual e, portanto, imutável. A gente cultuava a instância mítica do tempo. Dávamos por ele bem de tardezinha quando o sono invadia nossos corpos e tínhamos de dormir. Outras vezes, nos ligávamos no tempo quando precisávamos de assistir ao futebol na televisão. Com os anos, nossa vida ficou mais expandida em Curitiba, com mais atividades que nos tomavam um pouco mais nos finais de semana. Dentre as atividades domingueiras incluímos voltas de caminhada no Parque Barigui. Se isso não ocorresse, Curitiba deixa de ser Curitiba. Raras eram as atividades que fazíamos separados. Alex se separava de mim, é claro, nas suas aventuras poéticas e intelectuais, mas sempre que possível eu o acompanhava aos eventos. Quanto a mim, havia atividades das quais o Alex era praticamente expelido. Assistir aos jogos de futebol no Bar do Zé e passear com meus amigos nos bares do Largo da Ordem. Essas atividades eram o retrato do Danilo. Lá um dia, quando eu menos esperava, já próximo da hora de ir embora, ele aparecia num desses lugares para me fazer surpresa. Então, eu ficava feliz. Esse verão de nossas vidas não consegue aquecer nossas almas. Por mais que eu tente, ou que o Alex tente, tudo se move como se fosse inverno. Eu perdi alguma coisa que não sei explicar. Olho para ele e não consigo me aproximar como antes.

Os domingos são enormes como jamais tivemos. Já pro final de março, depois de uma grande chuva de verão, prenunciando o outono, fui à confeitaria como de costume, fazendo o mesmo trajeto que sempre fiz, chutando as folhas que começavam a cair. Narrei uma cena dessas que ocorrera há nove anos e a retomo aqui:

"Enquanto eu ia assim pela calçada, meus passos adquiriam certo ritmo inconsequente que não respeitava o movimento convencional das passadas por uma calçada urbana. Saboreava movimentos diferentes, não diria de dança, mas de um certo ritmo de um valseamento distentido. Sem que me desse conta, ao encontrar montinhos de folhas secas, passava sobre eles para sentir a maciez e logo a seugir chutava um outra pequena elevação espalhado as folhas que se misturava às folhas secas da calçada. O que me movia era saber, era estar munido de uma memória emocional. Saber que lá em casa estava aquele ser que conheci na Igreja Nossa Senhora do Rosário dos Pretos, em Mariana."

O sombreamento de nossos corações conseguiu alterar tudo. Cada palavra acima citada deve ser vista no seu reverso. Enquato caminhava pela calçada, meus passos ocorriam como se fosse possível caminhar pelo *nonsense*. Longe de parecerem com passos de dança, eles eram marcados pela linha reta e lenta de quem não quer chegar. Os passos de quem sabia que mais uma vez não é aclamado quando chega. Mais uma vez sabia que o estado era de desandar o desatino, sem ter um porto seguro. O chutar das folhas se mantinha, mas agora tinha outro sentido. Toda a expressão eufórica, chegando a atingir o êxtase daquele tempo, tornou-se o sombrio estado de disforia e descocerto que não conseguia se reerguer. Se, quando perto de Alex, eu buscava um ânimo de sobrevivência e de positividade, longe dele nessas situações caseiras certa angústia tornava a ocupar meu espírito e era incontrolável. Creio que o que chamei de "situações caseiras" consistiam nas nossas relações de intimidade que as pessoas cultivam um pouco por dia depois que as sementes são lançadas na terra. Quando a planta frutifica torna-se muito difícil, se não impossível, voltar e compreender o processo de fertilização. O que não se pode deslindar à luz do sol, torna-se eternamente noturna e mensageira de agonia. O fato de Alex não ter se explicitado, desvencilhado dos pontos obscursos de sua relação com Renan, estava sendo responsável pela soturna atmosfera que se criara entre os dois. Prefiro dizer que passamos a viver um crepúsculo que se mantinha das oito da manhã até a hora de irmos para a cama. O tempo todo, percebia que o "não dizer" estava corroendo o que restava de nós. Costumo dizer que essa situação se parece com água de chuva escorredo da vidraça durante dias, vai inundando todo o alicerce sem que demos conta do fenômeno. Entrávamos em April "the cruellest month" imagem vogorosa do poema "Four quartets", de T.S.Eliot, e nada se resolvia. Ao menos havia mais correlação entre nossos estranhos sentimentos e o outono que se iniciava. Alexandre começou a intensificar a sua produçao literária. Havia se compometido com um editor carioca de entregar os originais de um livro de poemas e de trabalhar uma antologia especial, incluindo poemas de toda a sua obra. Esse período foi muito bom para que o tempo fosse tomado de maneira adequada sem que ficássemos pelos cantos ou na sacada olhando para o vazio. Quanto a mim, tudo que pude fazer por ele eu fiz, dando-lhe aquele apoio que sempre lhe dispensei. Saía do trabalho às 17:00 e ia logo para casa, sem fuga nem nada, para ver se Alex estava precisando de algo, coisas de rua que o incomodavam muito, ou coisas caseiras como comida ou outros pequenos afazeres. Ao escrever, ele muitas vezes levantava a cebeça e ficava me olhando enquanto eu lidava com alguma coisa do lar. Depois de um tempo com esse olhar perfurante, ele voltava para o texto e voltava a ficar absorto no que realizava. Uma vez ou outra eu chegava em casa e Alex não estava. As coisas estavam organizadas, mesma cozinha limpa, cada coisa em seu lugar. Então, fui até sua mesa de trabalho. O computador desligado, todos os cadernos de apontamentos fechado com pequenos marcadores amarelos que de longe a gente via, o porta-lápis com canetas tampadas e lápis apontados.

Enfim, naquela tarde Alex não trabalhou ou trabalhou menos, provavelmente para descansar a mente ou se ocupar de alguma coisa muito particular. Naquela tarde — já estávamos no mês de maio, meados de outono — ao chegar me casa por volta das 15h45 da tarde, com a tarde se indo já anunciando o inverno, mas Alex não estava e as coisas estavam cada uma em seu lugar. Entretanto, algo me chamou a atenção. Havia um não sei que de desvio de um ou de outro objeto. Na cozinha, os objetos que foram lavados estavam ainda bem úmidos no escorredo de pratos. A toalha de mesa dobrada sobre a pia guardava certo traço de rapidez na maneira com que foi dobrada. Além de fazer pouco tempo que saíra Alex, ele saíra com certa pressa, com certa sofreguidão dos gestos. Fui para a sala e os índices continuavam em todos os detalhes. Pelo que Alex me fez conhecer nele durante aqueles anos, não o reconhecia nesses índices que eram muito grosseiros, fáceis de serem percebidos e o tipo de ação que estava por trás deles. A primeira coisa que me saltou aos olhos foram as quatro almofadas desencontradas sobre o sofá maior. Ele detestava quando eu as deixava assim. Saía arrumando nem que fosse para deixar de escrever por um tempo. E o perfume dele estava no ar. Sua presença na casa era tão forte que a gente tinha a sensação de que emergiria a qualquer instante. No quarto, Alex me surpreendeu com uma atitude inusitada: a toalha de banho, ele a esqueceu estendida sobre a cama. Ele não a dependurou no cabide do banheiro. Não tinha mais o que inferir. Alex saíra de casa completamente aturdido e não queria que eu chegasse antes de ele partir. Daí minha chama de curiosidade e de sofreguidão tomou conta de mim. Começava a anoitecer. Acendi as luzes da casa, todas elas, porque eu precisava de muita luz para confirmar o invisível, para ligar índices, para configurar evidênias. Como havia muita iluminação em casa por conta das luminárias de Alex e das minhas, quando as acendia todas, ficava mais claro que a luz do sol. E olhei para sua mesa. Tudo reluzia da forma mais explêndida. Diferente das outras vezes, tinha havido não um conclusão temporária dos trabalhos, levando-o a organizar seus pertences de trabalho como já vimos em outra descrição. Agora, o que se evidenciava era uma interrupção de *work in progress*. Apesar de o computador estar desligado, havia disposição de objetos como lápis e caneta fora da lapizeira e outros elementos em desalinho. Não que isso pudesse caracterizar desordem, mas, para um pessoa com o perfil de Alex, isso era quase um desregramento da ordem. Do lado esquerdo do computador ele deixou um livro que provavelmente estava lendo para alguma citação, separado com um marcador de livros. Tive a curiosidade de olhar a página. Tratava-se de um poema do famoso *Leaves of Grass*, de Walt Whitman, sobre a devassidão humana. Meus olhos foram perseguindo aquelas folhas e delineando todas as linhas que se formavam por meio dos objetos, dos livros e dos papéis, com muito cuidado sem tirar do lugar qualquer coisa. Mas hoje é diferente — pensei — ele esteve descuidado devido ao desalinho mental. Se eu alterar de forma mínima, algum traço de seus compassos, ele não perceberá. E naquela claridade eu fui verificando cada pequena coisa. De repente, sob o livro de Whitman uma pequena ponta branca de papel. Ergui o livro e lá estava. Anotado num quadradinho mínimo com se quisesse que desaparecesse, com letra quase ilegível, escrita a lápis, um endereço. Tomei nas mãos o papel, copiei o endereço, devolvi o pequeno papel para a posição em que Alex o pusera esquecendo-o ali e me levantei da mesa atônito. Sinceramente eu não compreendo essas reações humanas como a que tive. Depois de já ter concluído tudo por meio de evidências, ainda, ao ver a confirmação do confirmado, é capaz de ficar atônito. Não sei se a romântica ideia do bilhete anônimo para encontros furtivos ainda funciona de maneira mais impactante. A descoberta do pequeno papel e nele a grafia de Alex, anotando o endereço e todos os índices presentes na casa caracterizando a sua saída sorrateira e apressada. Como nos grandes clichês das narrativas policiais, sem mesmo me banhar, tomando apenas um copo de água, tornei a respirar fundo e, com o endereço nas mãos, me dirigi ao carro e segui em direção ao endereço transcrito. Até agora, apesar das evidências elas poderiam estar turvadas pelo sentimentos equivocados que poderiam estar dominando o mundo interior. O que eu estivesse interpretando como forma de omissão de Alex, como forma de estar escondendo de mim sua história com Renan, poderia ser um modo de não me magoar, de me provocar, remexendo com o que teria me incomodado. Foi bom eu ter tomado essa atitude de ir até o endereço. Foi muito bom. Não aguentava mais a atmosfera que criara para mim mesmo em casa e que pensava ser causada pelo meu parceiro. Não tinha dúvidas de que o endereço, ficando no Batel, localizaria ao menos Leopoldo ou o seu pessoal de classe sofisticada curitibana. Enquanto exercia esse movimento de racionalização, meus pés não obedeciam aos meus comandos e ultrapassava a toda hora os limites de velocidade propostos pelos sinalizadores. Na verdade, eu era só nervos. O grau de meu ciúme havia atingido um ponto que já me levava ao sem juízo. A sensação de ser preterido por outro talvez possa significar o passo decisivo para a ira. Isso eu não poderia permitir que me acontecesse. Não queria odiar o Alex. Não poderia odiar o Alex. E meu carro já estava na rua indicada no papel. Verifiquei com cuidado o número. Tratava-se de um edifício de luxo. Fiquei parado na frente do prédio sem reação. Do outro lado vi o carro do Alex. Não quis me informar na portaria que os plano poderiam dar errados. Na verdade nem havia planos. Apenas saí louco ao ler aquele endereço. Fiquei assim meio atordoado, sem reação. Quando já estava começando a me sentir ridículo diante daquela situação e voltei para o carro sem cumprir os meus desígnios e eis que se abre o portão de saída, automático do edifício, e dele sai um conversível BMW branco. Nele estavam Alex e Renan. Ambos com os cabelos penteados para trás, úmidos, recém-saídos da água. Não precisei de ver mais nada. Estava tudo acabado da pior forma. Mas ainda permaneci recostado no meu carro, tentando aliviar o que sentia. Eu estava anestesiado completamente. Havia perdido a sensibilidade das coisas. Agora só me restava recobrar os ânimos e pensar como agir dali em diante. Pelo que vi, Alex não voltaria para casa tão cedo. Eles iriam para a noite, para alguma festa. Decidi então ir para casa e tomar uma atitude. Ao entrar no apartamento, tentei perceber a nossa casa, nosso pertences, as coisas mais determinantes do nosso espaço e o que vi foi um universo não diria destruído, mas desconstruído em que todas as coisas eram diferentes do que pareciam ser. Era como se os objetos ressentissem pela metamorfose que se operou nos humanos. É uma questão de energia que parece impregnar cada uma das coisas por nós habitadas e que agora ficava danificadas, alteradas. Se pudesse não gostaria de ver o Alex para evitar de ver essas operações alquímicas se processarem nele. Sentei-me no sofá e fiquei com as mãos segurando o rosto por um bom tempo. De nada adiantava ficar indignado, dizendo de si para si que tudo parecia mentira, que talvez fosse fruto de minha imaginação. Mas não era. Era tudo a mais pura verdade. Alex reeencontrou o seu grande amor e não sabia como se livrar de mim. Mas não haveria de ter problema. Ele já havia se livrado de mim. Era apenas uma questão de tempo. Decidi que mudaria de casa. Alugaria um apartamento pequeno, mas que me abrigasse bem, que se parecesse comigo e isso seria feito instantaneamente. Diante da situação, senti que fui ficando cada vez mais forte, cada vez mais convicto das minhas decisões. O que veio naquele momento para mim era uma enorme vontade de deixar o Alex livre, de não me tornar um peso para ele. Talvez seja esse o pior sentimento que alguém tem de suportar. Infeliz daquele que não possa se livrar dessa condição. Eu já havia vivido uma situação similar a essa e me safei dela. Claro que estou me reportando ao passado no dia em que meu pai me expulsou de casa da maneirar mais bárbara que um pai pode expulsar um filho. Poder-se-ia dizer que também fui expulso da vida de Alex. Há várias formas de ser expulso. Dessa vez, fui sendo dizimado dos meus afetos. Dessa vez, eu fui rebaixado de minhas pretensões amorosas. Mas, dessa vez, falei de mim para mim, não sairei de costas como da outra vez. Já não sou o menino desprotegido que era. Hoje tenho a mim mesmo para me proteger e para me conduzir. Eis a única força em que podemos confiar neste mundo. Eu respondo a mim mesmo. Essa é minha única certeza.

    Sentado no sofá, tirei as mãos que apoiavam meu rosto, levantei-me e comecei a tomar atitudes mesmo que mentais, porque era noite e não me era permitido fazer determinadas coisas. As coisas domésticas fiz da melhor forma: tomei banho, preparei alguma coisa e comi, liguei a televisão enquanto mexia nas coisas e já começava a pensar em organizar meus pertences para a mudança. Liguei para o Cacau, um amigo que trabalhava numa imobiliária grande de Curitiba, e revelei o meu desejo de alugar um imóvel dentro dos meu limites e ao mesm tempo que me agradasse. Ele foi completamente receptivo ao meu pedido e me disse que em dois dias eu estaria alocado. Isso me animou e me deixou até um pouco eufórico. Contradição ou não foi o que senti. Creio que esse sentimento veio em resposta a tudo que vinha vivendo e todos os resíduos corrosivos que foram se reunindo dentro de mim. Depois dessa conversa com meu amigo, comecei a me sentir em outro lugar. Isso era uma característica de meu caráter, de minha identidade. Sempre gostei de mudar ou sempre gostei da ideia de mudança. Quando se anuncia uma mudança em mim começo a desconstruir a minha antiga condição e jogar energia para a nova. Sempre fui assim. Para minha sorte, Alex viajaria no dia seguinte de manhã para o Rio para entregar aqueles originais os quais se comprometera de entregar e dessa vez não poderia ser por e-mail, pois havia uma série de coisas para discutir com o editor. Ficaria por volta de quatro dias fora. Talvez uma semana. Alex gostava do Rio. Naquela noite, quase não dormi. Estava em estado de completa excitação. Eu queria o dia seguinte. Vi quando Alex chegou. Era bem tarde. Mas fingi que estava em sono profundo. Ele se trocou e deitou-se devarinho e bem silencioso. Logo depois dormiu.

    Mal alvoreceu o dia e eu estava de pé e bem disposto. Queria sair logo para o trabalho para combinar com o amigo da imobiliária alguma coisa para a hora do almoço. Deu tudo muito certo e saímos para ver três apartamentos disponíveis. Entretanto, logo o segundo me agradou muitíssimo e não quis abrir mão dele. Como era de uma construção antiga, o seu formado não era muito regular, dentro dos padrões dos pequenos apartamentos mais modernos. Ele tinha algo da arquitetura da *art nauveau*. A proprietária era uma velha senhora que quis me conhecer e, para minha sorte, gostou de mim, disse que era parecido com seu neto. O prédio era de número 135 da Rua Araucária, uma pequena rua sem saída bem próxima à Rua XV. Para mim foi a melhor coisa que poderia acontecer. No mesmo dia acertamos tudo. Tirando de mim mesmo as minhas energias fui resolvedo coisas decisivas para a minha vida futura. Seria no mínimo estranho se eu afirmasse que tudo isso estivesse ocorrendo sem que eu estivesse infeliz da outra história, a traição de que fui dislaceralmente acometido. Durante todo o tempo que punha em prática a minha mudança, escorria dentro de mim uma espécie de líquido abastrato que não parava de escorrer. Jamais saberei nomear aquilo que escorria creio que até mesmo quando dormia. Interessante que as cores das coisas que me circundavam perderam o seu vigor, como se housse sido descromatizadas. A ausência de Alex — ele viajara para o Rio — foi muito boa porque favorecia esse processo sem que tivesse que driblá-lo. Eu queria separar todos os meus pertences de modo a evitar que voltasse no apartamento; eu não queria voltar. Assim, as coisas claramente definidas como minhas, sem sombra de dúvidas, eu separava para que embalassem para mudança. As coisas do Alex eram do Alex. Porém, havia aquelas que eram dos dois ou aquelas que um havia cedido para o outro por que o outro passou a se identificar com o objeto. Aí ficou difícil. Foi o caso da xícara azul que passou a me pertencer, mas veio da avó do Alex. Eu a deixei lá como deixei tantas outras coisas que se enquadravam nessa mesma categoria. Não se pode falar de desapego nesse caso; foi um verdadeiro massacre que se operou na minha alma. Dos móveis, pouca coisa levei: meus pertences de trabalho, uma cômoda que adquiri num antiquário, o micro-ondas e outras coisinhas mais. Tive o cuidado de separar os meus discos e meus DVDs, inclusive porque acredito que alguns que deixasse incomodaria muito ao Alex. Quanto aos móveis que compramos juntos, eu os deixei. Preferia começar de novo e comprar tudo que fosse só meu e do meu jeito. Acho admirável acompanhar os detalhes que determinam uma partilha. Algumas coisas são indivisíveis. Se escolher partes tem-se a impressão de ter rasgado a coisa por dentro e rasgando por dentro rasga junto a nossa alma. Chegou uma hora que sentei no meio da sala e comecei a chorar. Juro que não sou uma pessoa de chorar tão fácil, mas não deu. A dificuldade de dividir toalhas de prato, guardanapos de tecido e toalhas de banho, isso me abateu. Isso usávamos em comum e sempre muito juntos. Por que as coisas tinham de ser assim? O pior é que nem dava para falar em "pequenos assassinatos" — foi um crime passional. Eu não queria que os dramas de novelas mexicanas invadissem minhha alma, mas quanto mais eu me esforçava para evitar, mais eu chorava e me via numa daquelas cenas. Daquelas tantas a que já assistimos. Descansei um pouco e voltei a separar os objetos dentro do possível. Tudo o que não conseguia decidir ficava para o Alex. Peguei um terço dos talheres, porque precisaria assim que chegasse no novo apartamento, e tive uma pequena recaída furtando uma conchinha muito pequena que roubamos do restaurante chinês. Foi chegada a hora dos livros. Tinha de saber quais os livros eram exatamente meus. Isso foi fácil de definir. Comprei pouquíssimos livros. A grande maioria era do Alex. Com o tempo passei a ler muito e lia os livros que ele comprara. Demorou muito para que passasse a comprar meu próprios livros. Senti me despedir de alguns dos livros que li e gostei, mas pensei comigo: esses eu compro mais tarde. Agora teria gastos não esperados e precisava de cuidar da parte prática da minha vida. Dentre os livros estavam sete livros de poemas de Alexandre Campos, todos lançados depois de nossa vinda para Curitiba. Participei do lançamento de cada um deles e lembrava de cada detalhe dos eventos. Eles foram lançados em lugares diferentes, dependendo da natureza de cada um dos livros. Apesar de todos serem de poemas, havia uma variação ou formal ou temática que o Alex fazia questão de frisar e isso implicava na forma de ritual para o lançamento. Fiquei olhando para aqueles livros durante um bom tempo; não tempo do relógio, mas tempo de reflexão e de consciência. Passou uma síntese cinematográfica da memória e me valia como dira Proust, da memória da inteligência apenas como mísera serva da outra, a memória sensível. Então me vieram as vária vezes em que ele me passava o livro autografado com o carinho de Alex e algo em avisava que era para eu ter o livro e não ler o livro, pois não era de fácil compreensão. Daí, tomar aquela atitude: eu deixaria os livros e levaria apenas os poemas que ele me fizera de forma circunstancial. Aqueles eu entenderia e eram endereçados a mim. Organizadas mais algumas coisas e eu havia encerrado a partilha sem invadir um minímetro no território do meu ex-parceiro. Ao contrário, recuei alguns milímetros. Se pudesse ter uma visão semi-aérea da nossa casa depois que concluí toda a organização da mudança, seria possível vê-la como uma instalação artística. Poderia ser exposta numa bienal. Apesar de ter mexido em tudo, havia uma ordem e uma economia na disposição dos elementos. Os objetos que ficariam estava cada um em seu lugar, intactos. Os objetos que partiriam se modulava numa parte da casa de modo a não alterar sua ordem. Os mínimos objetos foram cuidadosamente pensados: a caixinha de grampos, a tesourinha de unha (minha) e o cortador de unhas (do Alex). A mudança ocorreria no dia seguinte, de manhã. Portanto, ainda dormi naquela noite em casa. A cama estava revestida com um conjunto de lençóis meio cor de mel queimado, se é que existe essa cor. Sou um pouco complicado para definir cores. Como era de meu temperamento nessas situações acordava muito cedo. Levantei-me, higienizei-me, fui para a cozinha e preparei meu último café, do modo como sempre preparei. Depois cuidei de deixar a cozinha perfeita, inclusive jogando o lixo. Eram sete e meia. Às oito horas o caminhão da mudança encostaria no prédio. Sentei-me no sofá e fiquei esperando. O fio de líquido abstrato descia com mais força. Mas eu não chorei. Foi então que me veio a ideia. Tirar o cadarço vermelho do meu sapato que o Alex tanto gostava e deixá-lo sobre a cama em desalinho. Parece que esse gesto resumiria todo o nosso destino. E assim o fiz. Oito horas e dois minutos, o interfone tocou. Os homens chegaram. Cumpriu-se o prometido. Subiram com muita destreza. Carregaram tudo com muita eficiência. Daí verifiquei toda a casa. Estava em ordem. Desci. Entreguei a chave ao porteiro. E parti. Num conto de Júlio Cortázar as personagens jogam a chave no bueiro e não olham para trás para não se tornarem pedras. Não cumprindo os desigeos do mito, olhei pela última vez o prédio onde fui tão feliz.

 Pensei que ao escrever esta narrativa que acabou sendo uma história de amor, ficaria exorcizado de todas as minhas penas e de meus sofreres. Pensei que acabaria compreendendo tudo o que aconteceu com a minha relação com o poeta Alexandre Campos. Debrucei-me sobre sua carta e percebi ali umas intenções excusas. Olhei-me no espelho e o que vi não correspondeu a uma imagem com a qual estava acostumado. Adicionou-se à minha expressão um traço de sentido que me alterou completamente. Desde que deixei a casa do Alex, as coisas vêm tentando adquirir o seu novo movimento, o seu novo ritmo. Quando a gente toma uma atitude como tomei, quando toma a iniciativa de deixar o outro, depois de um certo tempo, percebemos que junto com nossos pertences materiais, por mais cuidado que tivéssmos, vieram também resíduos abstratos dos quais, de maneira alguma conseguimos nos livrar. Mesmo com todas as evidências que tive; mesmo com a explícita demonstração de traição que vivi, mesmo assim, fica em nós um não sei o que de culpa ou de um sentimento parecido com a culpa ou ainda um sentimento de fragilidade de nossa alma que o ciúme sabe criar em nós. A impressão que nos fica é de que a dor do ciúme integrada ao sentimento de traição diminui nossas forças, deixa-nos menores e isso nos leva a certas atitudes que em si fragilizam a nossa condição de humano. Diante disso me senti pronto para responder a carta ao Alex:

Caro Alexandre:

Muito complicado responder à sua carta que denominou "de amor". Fiquei todo esse tempo desde que a recebi, com profunda dúvida se a responderia. Para mim, entendi que o silêncio seria o melhor caminho para cessar nossa relação. Entretanto, para que fingir para alguém que nos conhece (será mesmo?) tão bem? Se teve a atitude de me escrever, tanto melhor. Isso significa que resta em você alguma coisa, mesmo que nem tão verdadeira, marcada pela sensibilidade e pela boa intenção. Por favor, querido Alex, não fale em bom senso e bom gosto como elementos componentes da minha pessoa. Durante quase dez anos seus olhares de desdém e seus sorrisos suaves revelaram bem o que pensava de mim nesses quesitos. Minha lentidão me fez demorar muito para entender que sua estirpe fica bem além dos jardins em relação à minha condição quanto à finesse e altivez moral. Aquele BMW conversível me deu todos os ingredientes que faltavam para finalmente te descobrir. Obrigado por tentar me agradar ao dizer que está ouvindo "Mentiras", de Adriana Calcanhoto. Mas se enganou. Essa é a única música que não gosto. Por que não ouve "Metade" para entender o que senti nos momentos mais cruciais de suas traições? E elas me tiraram de mim, eu sim passei a andar a esmo por esta cidade, desencontrado de mim e me entreguei de corpo e alma àqueles pretendentes que me tentavam mas, por amor a você, nunca dei atenção. E eles me mandavam cartas e bilhetes porque queriam mais. E eu me continha, fugia pela esperança que ainda teria você. Creio que as deixei disponíveis para que as visse e percebesse que outros gostavam de mim. Pura carência, Alex, eu reconheço. Gostei muito da imagem da "madeira dura intermitente, que nunca mais chega do outro lado." Só que me tocou mais o lado fálico da imagem. Ele é extremamente excitante. A propósito, caro Alex, fiquei imaginando a sua relação sexual com o Renan, ao saírem de carro conversível, ao vento, com os cabelos molhados. Bem, quanto ao desempenho dele você já conhecia desde os tempos da faculdade e voltou na sua memória, ao voltarmos para Curitiba naquela tarde quando lhe veio a obsessão pelas Quatro Estações de Vivaldi e o deixou nostálgico. Não foi por vontade própria que reagi como reagi. Não foi. Juro que não foi. Jamais brincaria com os teus sentimentos, jamais brincaria com os *sentimentos de ninguém. Nem mesmo de um animal. Relutei muito para te escrever esta carta como resposta à que me escreveu, mas o que me moveu foi a imagem do cadarço que não quer sair do meu juízo, como uma cruel revelação do imponderável. Quando o deixei sobre a cama vi que mais parecia o detalhe decisivo de uma natureza morta de Gauguin cujo fundo era a cama onde as marcas de nossos corpos foram cravadas. O sapato não, meu amor, o sapato não. Não consegui me desapegar dele. Mas... não sabia que isso iria te doer tanto... será que doeu mais que ter que conviver com o seu nome gravado no meu corpo em ideograma japonês? Cada vez que abro minha camisa emerge a sua marca. E eu sofro. Sinto-me agora preparado e tranquilo para lhe dizer que devemos ficar separados. Mantenhamos dentro de nós toda a história vivida e vivenciada. E foi uma lindíssima história. Juntos passaríamos dia após dia a remoer detalhes de nossa história que fez cada um sofrer. A gente não imaginava que o nosso amor poderia trincar, mesmo sendo de um excelente cristal, Alex, entre trincou e não existe cola inglesa que possa colar as partes. Antes que me esqueça: o fato de deixar seus livros a mim ortografados não significa que não trouxe os poemas que escreveu para mim e eu os entendo. Quando me sentir capaz de entender seus poemas mais complexos, comprarei seus livros e os lerei.*

    P.S. Se de repente não tiver nada para fazer e estiver passando por aqui, pode tocar o interfone que me dará muita alegria. Se lembrar, traga para mim a xícara azul-anil de ágata, pois acho que a mereço. Bjs do Danilo.